6

Das große bunte Weihnachtsbuch

Karin Jäckel

Das große bunte Weihnachtsbuch

Zeichnungen von Marion Krätschmer

Loewe

Die Deutsche Bibliothek - CIP-Einheitsaufnahme

Das große bunte Weihnachtsbuch / Karin Jäckel.
Ill. von Marion Krätschmer
2. Aufl. – Bindlach 1992
ISBN 3-7855-2499-4

ISBN 3-7855-2499-4 – 2. Auflage 1992

Umschlagzeichnung: Marion Krätschmer
Satz: VORO, RödentaL
Gesamtherstellung: Svoboda, Prag
Printed in Czechoslovakia

Inhalt

Vorweihnachtszeit

11. November 12
Laternenlied 13
Sankt Martin und die Gänse 14
Der vertauschte Martin 18
Rübenkopf und Kürbiskern 22
Gespenster, Gespenster 23
Geisterstunde 24
Der Bratapfel 27
Dominik und der Novemberdrache 28

Wir backen

Rahmbonbons 36
Apfeltaschen 38
Sonntagsbrötchen 39
Feiertagsschnecken 40
Bunte Schneeflocken 41
Walnußplätzchen 42
Hirse-Erdnuß-Plätzchen 43

Winteranfang

Winteranfang 46
Warum der Baum im Winter Urlaub macht 46
Auf dem Eis 49
Winterfreud, Winterleid 53
Schießübungen 54
Draußen 56
Schlittenfahrt 57
Mutmachgeschichte 57
Ein Wintergedicht 60
Tom und der Riese 60
Wintergutenachtlied 63
Schnellsprechsätze 64
Die kleine Schneeflocke 65

Wir basteln

Wir basteln einen Adventskalender 70
Kerzen verzieren 71
Das Futtergemisch 75
Ein Vogelhaus für alle 71
Der Wunderknäuel 76
Das Mäusespiel 77
Gästeseifen aus eigener Werkstatt 78
Deckelbild mit Weihnachtskrippe 79
Spitzenfotos 80
Stücke vom Webrahmen 81
Kartoffeldruck 82
Weihnachtskugeln 83

Noch 23 Tage bis Weihnachten

Der Vater des Adventskalenders 86
Der Pappkarton 87
Advent bei den Mäusen 88
Gebet 89
Ri-Ra-Rätselraten 90
Maria durch ein' Dornwald ging 92
Advent 92
Das Mädchen Kirschblüte 94
Vom Hamster und dem Freundschaftsbaum 98
4. Dezember 102
Vom Bächlein 103
Das Gesicht am Fenster 104
6. Dezember 106
Guter Nikolaus 108
Schülerbitte 108
Nikolaus 109
Als der Nikolaus verboten war 110
Begegnung mit dem Nikolaus 110

Weihnachtsfest

Weihnachtsläuten 118
O Freude über Freude 119
Vom Weihnachtsbaum 120
Rätsel 120
Vom Tannenbaum,
der nie goldene Zapfen bekam 121
Als Fridolin zum Puppenball ging 123
Vom Himmel hoch, da komm' ich her 127
Kindelwiegen 128
Balduin Bär und der Weihnachtsmann 128
Der Lichtensteiner Pfeifer 132
Das Weihnachtsbäumlein 136

Vom Sonnenstrahl und dem Schneekönig . . . 136
Der Tannenbaum . . . 142
Advent . . . 150
Max und Moritz unter dem Weihnachtsbaum . 151
Erwartung . . . 154
Vom Schenken . . . 156
Christkindchen, komm in unser Haus . . . 157
Das kleinste Wunschzettel-Englein . . . 157
Martin . . . 161
Zwei warten aufs Christkind . . . 164
O Jesulein zart . . . 172
Ihr Hirten erwacht! . . . 173
Der kleine Sternputzer . . . 173
Das Christkindlein bin ich genannt . . . 179
Ein Besuch beim Weihnachtsmann . . . 179
Stille Nacht . . . 184
Bingo, das Äffchen . . . 185
Auf dem Weihnachtsmarkt . . . 189
Weihnachtsland und Weihnachtsinsel . . . 190
Wie das Weihnachtsfest entstand . . . 191
Ein Kind ist uns geboren . . . 192
Abends . . . 193
Der Weihnachtskarpfen . . . 193
Als ich bei meinen Schafen wacht' . . . 196
Worüber das Christkind lächeln mußte . . . 197
Du König des Himmels . . . 199
Alle Jahre wieder . . . 200
Zaubernacht . . . 200
So feiert man anderswo . . . 205
England . . . 206
Frankreich . . . 207
Amerika . . . 208
Italien . . . 209
Rußland . . . 210
Schweden . . . 212

Nach Weihnachten

Silvester . . . 216
Silvesterzauber . . . 217
Das Jahr im Kreis . . . 222
Dreikönigstag . . . 224
Die Heiligen Drei Könige . . . 225
Die Reise unter dem Stern . . . 226
Wir Heiligen Drei König' . . . 228
Die drei Königinnen . . . 229
Die Könige und ihr Stern . . . 232
Sternsinger . . . 234

Vorweihnachtszeit

11. November

Im Jahre 316 nach Christi Geburt wurde in der ungarischen Stadt Sabria ein Junge namens Martin geboren. Mit 15 Jahren trat er auf Wunsch seines Vaters als Soldat in eine römische Reiterabteilung in Gallien ein.

Eines Abends ritt er vor den Toren der Stadt Amiens an einem nackten Bettler vorbei. Der arme alte Mann tat ihm sehr leid. Rasch zog er seinen eigenen weiten Mantel aus, der ihm über die Schultern flatterte, und teilte ihn mit dem Schwert mittendurch. Eine Hälfte reichte er dem Bettler und ritt, ohne Dank abzuwarten, eilig davon.

In der folgenden Nacht erschien ihm Christus mit der geteilten Mantelhälfte: Er war es, der Martin in der Gestalt eines Bettlers geprüft hatte. Martin mochte von diesem Tag an kein Soldat mehr sein. Er schied mit 18 Jahren aus dem Militärdienst aus und ließ sich christlich taufen. Später wurde er Bischof und Abt eines berühmten Klosters in Tours, wo er 397 nach Christi Geburt starb.

Zum Andenken an die Großherzigkeit des heiligen Martin feiern wir den 11. November mit einem Laternenzug und schenken einander einen süßen Martinswecken.

Laternenlied

Laterne, Laterne,
wie habe ich dich gerne,
wie strahlt dein Wunderlicht
und brennt mich nicht.

Laterne, Laterne,
dich sieht man schon von ferne.
Wie glänzt dein froher Schein
in die Nacht hinein.

Laterne, Laterne,
bist schöner als die Sterne.
Wie blaß machst du den Mond,
der wolkenweit thront.

Laterne, Laterne,
wie habe ich dich gerne.
Trag' dich mit Sing und Sang
die Welt entlang.

Sankt Martin und die Gänse

„Du mußt fort", sagte eines Tages ein Freund und wusch Martins Schulterwunde mit einem sauberen Tuch, das er zuvor in Branntwein getaucht hatte. „Wenn du bleibst, werden sie dich töten."

Martin schüttelte den Kopf. „Alles steht in Gottes Hand. Ich werde nicht fliehen. Mein Platz ist hier, wo wir Gottes Wort verkünden."

Der Freund legte einen Brei aus verschiedenen Kräutern auf die Wunde, deckte sie mit einem Tuch ab und verklebte die Ränder mit Harz. „Heute haben sie Pech gehabt, weil ich dir zu Hilfe kam", sagte er ernst. „Morgen ist es vielleicht das Ende. Wir brauchen dich noch, Bruder Martin. Du darfst nicht sterben."

Martin legte den verbundenen Arm in eine Tuchschlinge. „Ich denke darüber nach, Silenius", versprach er. „Vielleicht hast du recht. Vielleicht sollte ich mich eine Weile aus der Welt zurückziehen und allein mit Gottes Wort leben."

Martins Wunde heilte nur schwer. Tagelang mußte er bei Silenius Zuflucht suchen und sich in dessen Kellern vor den Heiden verstecken, die ihn verfolgten.

Eines Abends, es begann schon zu dunkeln, betrat Silenius das Hinterstübchen, wo Martin lag. „Morgen, ehe der Tag anbricht, werden die Arianer in Waffen hier sein", sagte er. „Ein Freund meines Vaters ließ es mich wissen. Wenn sie dich bei uns finden, wirst du ans Kreuz geschlagen, und mein Haus wird niedergebrannt. Martin, es ist Zeit. Du kannst nicht länger bleiben."

Martin richtete sich auf dem gesunden Arm auf. „Du hast dich lange genug für mich in Gefahr gebracht", murmelte er. „Gott wird es dir lohnen. Wohin, meinst du, soll ich mich wenden?"

„Eine Fuhre Wein geht diese Nacht noch nach Genua", erwiderte Silenius und half Martin auf die Beine. „Der Fahrer ist mir verpflichtet. Er wird dich in einem leeren Faß versteckt aus der Stadt herausbringen. An einem geheimen Ort erwartet dich dort eine Kutsche, sie wird dich bis Genua bringen. Von dort setze heimlich auf die Insel Gallinaria über. Sie ist zwar klein und karg, aber sicher und wird dir Zuflucht bieten."

Martin schlug mit der gesunden Hand den Mantel um sich. „Gut, Silenius. Dein Rat soll mir ein Fingerzeig Gottes sein. Ich danke dir für alles, mein Freund."

Das Fieber schüttelte Martin während

der ganzen Reise. Es wich erst in Genua von ihm, als er mit einem Fischer handelseinig wurde, der ihn auf Gallinaria absetzen sollte. Von den letzten Münzen, die Silenius ihm zugesteckt hatte, kaufte Martin einen Hahn, drei Hennen, einen Ganter und zwei Gänse, ein Beutelchen Korn und einen Spaten mit festem Blatt. So gerüstet, kam er im Silberschein des Mondes auf Gallinaria an.

Lange sah er dem Boot des Fischers nach, das klein wie eine Nußschale endlich am Horizont verschwand. Martin war nun allein mit seinen Tieren und Gott, dessen Stimme machtvoll aus Meer und Wind zu ihm sprach.

So wurde er zum Einsiedler. Er fand eine Grotte im Fels, in der er sein Lager aus Oleanderzweigen und trockenem Moos bereitete. In der Nähe gab es eine Süßwasserquelle und ein Stück guter Erde für sein Korn. Hühner und Gänse vermehrten sich um die Wette, so daß er bald schon auf Daunen schlafen und seinen Speiseplan aufbessern konnte. Und wenn Martin ins Abendrot sah, um zu beten, scharte sich das Vogelvolk um ihn, als könne es seine Worte verstehen.

Plötzlich aber war die Ruhe dahin. Das erste Zeichen, daß die Zeit der Gebete vorüber sei und neue Aufgaben warteten, kam mit den Träumen, die Martin überfielen. Große Menschenmengen sah er darin, die mit Fackeln durch die Straßen einer ihm wohlbekannten Stadt zogen und seinen Namen riefen. Götzenbilder und heilige Haine mit Tempeln heidnischer Priester zeigten sich ihm, und er sah, wie ein Mann im Bischofsgewand eine Axt gegen sie hob. Dieser Mann aber war er selbst. „Lieber Vater im Himmel", rief Martin aus und warf sich in der Grotte auf die Knie, „eine solche Aufgabe kann ich nicht erfüllen. Ich bin zu schwach, Bischof deiner Kirche zu werden."

Doch Gott schickte ihm neue Träume, und Martins Angst wuchs. Eines Morgens sah er sie übers Meer heranrudern, die Flotte aus Fischerbooten mit den Männern, die ausgezogen waren, ihn zu holen. Einen großen Stern führten sie bei sich, der weithin übers Meer leuchtete. Da raffte Martin seine Kutte über die Knie und lief davon. Gackernd stob das Hühnervolk vor ihm auf. Die Gänse aber beugten die Hälse, als grüßten sie einen hohen Herrn.

In seiner Not fand Martin nur Zuflucht in einem engen Holzverschlag, den er unweit seiner Grotte in den Niederholzwald gebaut hatte. Fest zurrte er den Riegel in den ledernen Haken zurück und kauerte sich in der dunkelsten Ecke nieder.

Nicht lange, hörte er die Schritte der Menschen und seinen Namen rufen. Hell fiel der Lichtschein des Sterns ihnen voraus. Doch bis in Martins Winkel gelangte er nicht. Schon wandten sich die ersten enttäuscht zum Gehen, da drang ein Zischen und Schnattern an Martins Ohr, daß er es kaum ertrug. Die Gänse! Wie Soldaten marschierten sie vor, watschelten auf ihren roten Plattfüßen über Stock und Stein und hörten erst auf zu schreien, als die Menschen ihnen nacheilten und der Stern Martins Versteck erleuchtete.

Stumm trat Martin hinaus. Stumm sah die Menge ihn an, denn ein heller Lichtschein lag um seine Stirn.

„Hoch lebe der neue Bischof von Tours!“ Endlich erhob sich die erste Stimme, und jubelnd fielen die anderen mit ein.

Die Gänse aber, die Martins Versteck verraten hatten, brieten am selben Abend noch über offenem Feuer am Spieß. Und bis heute durchzieht am 11. November der Duft nach Gänsebraten Haus und Hof, um an Martin, den heiligen Bischof von Tours, zu erinnern.

nach einer römischen Legende

Der vertauschte Martin

„Die Ferien mit dir waren wirklich toll –" das war der erste Satz in dem Brief von einem Mädchen namens Christine, das er gar nicht kannte. Und doch war der Brief an seine Adresse gelangt. Eine Verwechslung oder ein gemeiner Trick? Martin grübelte und umkrampfte den Griff des Krückstocks, an dem er im Zimmer auf und ab humpelte. Wohl eher eine Verwechslung, warum sollte ihm eine unbekannte Christine einen Streich spielen wollen? Vielleicht, dachte er, sollte ich einfach zurückschreiben.

„Du strahlst ja so, ist etwas passiert?" lachte die Mutter, als Christine eines Tages einen Brief schwenkte.

„Von Martin!" jubelte Christine. „Er hat also doch geantwortet."

„Wundert dich das?" rief die Mutter ihr nach.

„Und ob!" bekräftigte Christine. „Er wollte seine Adresse doch erst gar nicht rausrücken und behauptete, viel zu schreibfaul zu sein."

Als sie eine Weile später in die Küche kam, war sie in sich gekehrt und still.

„Hat er dir etwas Dummes geschrieben?“ forschte die Mutter besorgt nach.

„Gar nicht“, sagte Christine. „Ich habe mich bloß unheimlich in ihm getäuscht. Ich dachte immer, er hätte hauptsächlich Unsinn im Kopf. Dabei ist er richtig nett.“

Wochen vergingen, Briefe wechselten hinüber und herüber. Eines Mittags aber starrte Martin eine Einladungskarte an, die aus dem Kuvert geflattert war. „Was jetzt?“ fragte er sich selbst. „Was wird sie von mir denken, wenn ich komme? Ich bin doch gar nicht der richtige Martin. Ich hätte es ihr schon längst sagen müssen.“

Ratlos betrachtete er sein Spiegelbild, das ihm aus dem Glas der Balkontür entgegenschien: Das verkürzte Bein, den Stock in der Hand, die Brille. Endlich seufzte er tief auf. „Hin muß ich. Einmal hätte sie es ja doch erfahren müssen.“

Drei Tage später stieg er aus dem Zug. Er sah Christine sofort. Sie stand an genau der Plakatsäule, die sie ihm beschrieben hatte, und musterte jeden Jungen, der auf den Bahnsteig sprang. Zögernd hinkte Martin auf sie zu.

„Ja?“ fragte Christine. „Ist was?“

Wortlos hielt er ihr die Einladungskarte entgegen.

„Ach“, rief sie sehr enttäuscht. Aufgeregt fragte sie: „Ihm ist doch nichts zugestoßen? Er ist doch nicht krank? Hat er dich geschickt?“

„Nein“, antwortete Martin leise. „Es ist nur – ich bin es. Ich bin Martin. Du hast mir geschrieben.“

Christine schien zu wachsen. „Laß die Witze!“ rief sie. „Du und Martin? Daß ich nicht lache!“ Sie musterte den Jungen von oben bis unten. „Martin ist schwarzhaarig und stark. Er hat am Kinn ein Grübchen und spricht ein bißchen ausländisch. Im Urlaub war er auf Ibiza, dort haben wir uns kennengelernt. Genügt das als Beweis, daß du nicht gemeint bist?“

Martins Gedanken hatten Sprünge gemacht, als Christine ihren Martin beschrieb. „Ich kenne ihn auch“, sagte er jetzt. „Er heißt wie ich, wohnt zwei Straßen von mir entfernt und geht mit mir in eine Klasse. Er muß dir absichtlich eine falsche Adresse gegeben haben.“

„Warum hätte er das tun sollen?“ fragte Christine und wußte im gleichen Moment schon die Antwort. Wie hatte Martin auf Ibiza doch gesagt: „Schreiben, ich, dir? Eher lernt eine Kuh tanzen als ich Briefe schreiben.“ Und dann hatte er ganz komisch gelacht und noch hinzugefügt: „Aber ich will ja gar nicht so sein. Wenn einer Martin heißt, muß er auch mal teilen können.“ Christine hatte damals nicht recht verstanden, was er damit gemeint hatte. Jetzt erst war's ihr klar. Martin auf Ibiza hatte gemeint, eine Freundschaft sei für einen, der Martin heißt, ebenso zu teilen wie ein Mantel, und hatte seinen ‚Anteil‘ an Christine einfach hergeschenkt.

Christines Augen waren traurig, als sie Martin ansah. „Fahr weg!“ sagte sie. „Du hast mich genauso angelogen wie er.“

„Ja“, gab Martin zu. „Es tut mir auch leid. Ich wollte so gern, daß du mir schreibst. Und hättest du mir denn geschrieben, wenn du gewußt hättest, wer ich bin?“

Christine schüttelte den Kopf. „Trotzdem“, sagte sie. „Ich will dich nie mehr sehen. Du bist genauso gemein wie der andere Martin.“

Sie hörte erst auf zu rennen, als der Bahnhof weit hinter ihr lag. In Gedanken sah sie Martin auf Ibiza vor sich mit seinen krausen Haaren und krausen Ideen und den vertauschten Martin vom Bahnsteig, schmächtig und schüchtern und tapfer. Ja, auch das, oder etwa nicht? Schließlich war er gekommen, statt sich hinter einem anderen zu verstecken oder Ausreden zu erfinden. Christine mußte plötzlich lachen. Eigentlich war die Idee mit dem vertauschten Martin gar nicht schlecht. Ein prima Brieffreund war er jedenfalls, und ein richtiger Freund würde er ja vielleicht auch noch, wenn ...

Der Pfiff einer Trillerpfeife, das Stampfen der Lokomotive füllten Christines Ohren, als sie atemlos auf den Bahnsteig stürmte. Martin stand an einem Fenster, sein Gesicht war blaß und traurig. Ungläubiges Staunen breitete sich darauf aus, als er Christine sah, die eifrig winkte und ihren Briefumschlag mit der Einladung schwenkte.

„Schreib bald wieder!“ schrie sie gegen den Lärm an. „Nächstes Mal komme dann ich!“

Und Martin nickte.

Rübenkopf und Kürbiskern

Wenn im November auf den Feldern Rüben und Kürbisse reif sind und die Abende schon nachmittags beginnen, ist die Zeit der leuchtenden Fratzen gekommen.

Überall werden sie dann mit Messer und Löffel ausgehöhlt, die spitzköpfigen Futterrüben und rotgelben Riesenkürbisse. Je grimmiger die Gesichter aus Augenhöhlen oder -schlitzen grinsen, wenn Kerzen sie von innen her zum Glühen bringen, desto schöner.

Heute stehen sie zur Belustigung vor den Haustüren oder auf der Mauerbrüstung. Früher aber, lang vor Christi Geburt, waren sie als Wächter gedacht, die Haus und Bewohner vor bösen Geistern beschützen sollten. So gräßlich mußten sie anzusehen sein, daß selbst Dämonen und Hexen vor ihnen Angst bekamen und keine Lust hatten, es mit diesen sicher viel stärkeren Zauberern aufzunehmen. Solange das Feuer in den Köpfen glühte, konnte der Hausherr mit seiner Familie ruhig schlafen. Wenn aber der Wind die Flamme ausgelöscht hatte über Nacht, war bestimmt ein böser Dämon ins Haus eingedrungen. Dann wehe dem Haus und denen, die darin wohnten! Hilfe konnte ihnen nur noch der Geisterbeschwörer bringen. Und wer weiß, ob sein Zauber stark genug war? Erst im Frühjahr, wenn die Macht des Bösen dem Licht der Sonne weichen mußte, würde es sich zeigen.

Gespenster, Gespenster

Gespenster mit den gelben Fratzen
gehen bei uns um.
Sie schleichen wie auf Katzentatzen
überall herum.
Und kriegst du eine Gänsehaut,
weil dir vor den Gespenstern graut,
dann johlen, kreischen, pfeifen sie
und stehn vor Lachen krumm.

Gespenster starrn zum Fenster rein,
du hast sie gesehn.
Mit Augen, rot wie Feuerschein,
fandst du sie stehn.
Und kriegst du eine Gänsehaut,
weil dir vor den Gespenstern graut,
dann springen, tanzen, toben sie
und finden's wunderschön.

Doch faßt du Mut und glaubst nicht dran
und strahlst sie mit der Lampe an,
dann sind sie verschwunden
im Bruchteil von Sekunden.
Geblieben, geblieben
ist nur ein Kopf von Rüben.

Geisterstunde

Es dunkelte schon stark, als Ernst, Thomas, Ingo und Beate sich auf Zehenspitzen aus ihren Zimmern schlichen.

„Ein Glück, daß Paps den Fernseher immer so laut stellt", flüsterte Beate. „Wenn er uns mit dem ganzen Kram hier erwischt hätte – au weia!"

„Hat er aber nicht!" wehrte Ingo ärgerlich ab.

Aufatmend standen die vier in einer vor Blicken geschützten Ecke ihres Gartens. „Haben wir alles?" fragte Thomas, als Ingo in seinem mitgebrachten Rucksack zu stöbern anfing. Mit dem Zeigefinger auf die einzelnen Gegenstände tippend, die Thomas nach und nach hervorzog, zählte er auf: „Bettlaken, Mütze, Kerze, Streichhölzer – die sind wichtig – und der Kopf. Alles da!"

„Die alte Frau Knapp wird Augen machen!" kicherte Beate und hopste vergnügt von einem Bein aufs andere.

„Sie denkt bestimmt, der Teufel will sie holen", spottete Thomas.

„Und wenn schon!" trumpfte Beate auf. „Geschieht ihr ganz recht, wenn sie sich ordentlich erschreckt. Uns wegen der paar madigen Äpfel gleich bei Paps zu verraten!"

„Scht!" machte Ingo. „Jetzt aber los, die Streichhölzer her!" Schon klebte er die Kerze auf das Spundloch für den Hals des dicken Kürbiskopfes, an dem sie zu viert einen ganzen Nachmittag gearbeitet hatten.

„Toll siehst du aus!" staunte Beate und schüttelte sich in gespieltem Entsetzen, als Ingo vorsichtig ein Bettlaken um die Schultern gezogen und eine weiße Zipfelmütze über den wilden Haarschopf gestülpt hatte.

„Den Kopf mußt du unter den Arm klemmen", rief Ernst.

Leise huschten die vier dann durch den elterlichen Garten und sprangen über ein niedriges Mäuerchen. Mitten auf dem plattenbelegten Weg zur Tür des Nachbarhauses blieb Ingo stehen. Vorsichtig schob er ein brennendes Zündholz durch eine der Augenhöhlen des Kürbiskopfes. Im Moment, als Kerzenschein das greulich grinsende Kürbisgesicht mit einem unsteten Licht ausfüllte, drückte Thomas auf den Klingelknopf und duckte sich hinter einen dichten Rosenstock. Lachen gluckste in seiner Kehle, als er den schlurrenden Schritt der alten Frau Knapp näher kommen hörte. Doch das Lachen und beinahe auch der Atem stockten ihm in der Brust bei dem gräßlichen Aufschrei, der in seinen Ohren gellte, ehe die alte Frau mit einem dumpfen Geräusch zu Boden sackte.

„Frau Knapp, was ist denn?" stammelte Thomas entgeistert und kniete sich bei ihr nieder.

Ingo, der immer noch den leuchtenden Kürbis unter dem Arm trug, Beate und Ernst, alle schoben sich zögernd näher. „Ist sie tot?" wisperte Beate mit blassen Lippen hinter der vorgehaltenen Hand.

„Ich hole Dr. Müller", sagte Ernst krächzend. „Er wohnt ja gleich nebenan."

Inzwischen waren überall Fenster aufgegangen, aufgeregte Stimmen fragten durcheinander. Dr. Müller stand schon vor seiner Tür, als Ernst heranhastete. „Ach, ihr mal wieder“, sagte der Arzt. „Das hätte ich mir doch fast denken können. Also, wo brennt's denn?“

Auf dem kurzen Weg bis zu Frau Knapp, die immer noch bewegungslos am Boden lag, stieß Ernst die ganze Geschichte hervor.

„Da habt ihr ja was Schönes angerichtet“, schimpfte der Arzt und schob Thomas beiseite, der verängstigt die Hand der alten Frau gerieben hatte.

„Bitte, was ist mit ihr?“ preßte Ingo mit dünner Stimme hervor, als Dr. Müller eine Spritze aus seinem Köfferchen zog.

„Sie ist ohnmächtig“, erklärte der Arzt sehr ernst. „Ein Segen, daß ihr Herz so gesund ist! Dieser häßliche Scherz hätte ihr Tod sein können. Und ihr hättet sie auf dem Gewissen.“

„Es tut mir so leid“, murmelte Ingo, als er tags darauf mit seinen Geschwistern rot und verlegen am Bett der alten Frau Knapp stand. „Es war gemein von uns, Sie wegen der Äpfel und so ...“ Er stockte.

„Nun sind wir aber doch wohl quitt, nicht wahr?“ unterbrach Frau Knapp Ingos gestotterte Entschuldigungsrede, während ein feines Lächeln über ihr Gesicht glitt. „Vielleicht war es ja auch gemein von mir, euch wegen der Äpfel und so ...“

Der Bratapfel

Kinder, kommt und ratet,
was im Ofen bratet!
Hört, wie's knallt und zischt.
Bald wird er aufgetischt,
der Zipfel, der Zapfel,
der Kipfel, der Kapfel,
der gelbrote Apfel.

Kinder, lauft schneller,
holt einen Teller,
holt eine Gabel!
Sperrt auf den Schnabel
für den Zipfel, den Zapfel,
den Kipfel, den Kapfel,
den goldbraunen Apfel!

Sie pusten und prusten,
sie gucken und schlucken,
sie schnalzen und schmecken,
sie lecken und schlecken
den Zipfel, den Zapfel,
den Kipfel, den Kapfel,
den knusprigen Apfel.

Volksgut

Dominik und der Novemberdrache

Wenn Dominik morgens die Augen aufschlägt und aus seinem Fenster schaut, erblickt er den Drachen am Berg.

Andere freilich sehen ihn nicht. Sie erkennen nur eine große alte Burgruine inmitten eines dunklen Waldes: den Turm mit seinem Zinnenkranz, halbrund die Burgmauer mit der langen Burgtreppe und hinter der Burgmauer den Baum.

Niemand weiß, daß der Baum in Wahrheit ein wunderbar schöner Drachenflügel ist. Niemand, nur Dominik. Denn er hat Zauberaugen, mit denen er sehen kann, was hinter den Dingen ist.

Zum ersten Mal sah Dominik den Drachen an einem Novemberabend. Die Burg war angeleuchtet. Und plötzlich war Dominik alles klar.

Der Turm war kein Turm. Er war ein hoher, stolzer Hals. Die Fensterlöcher darin waren in Wirklichkeit Augen und das größte Fenster ein feuerspeiendes Maul, aus dem es rauchte, als stünde Nebel über dem Berg. Der Zinnenkranz war in runde Ohren verwandelt, zwischen denen die Zacken einer Drachenkrone leuchteten. Und der Baum war ein Drachenflügel. Zugeklappt, wie Schmetterlinge ihre Flügel zuklappen.

Der Drache lächelte Dominik an.

„Schlaf!" sagte er. „Erst wenn du schläfst, darf ich kommen."

Sofort schloß Dominik die Augen.

Da brauste der Drache vor dem Fenster. Die Vorhänge flogen vom Wind, den er mit den Flügeln schlug.

„Bist du fertig?" rief der Drache.

„Klar!" gab Dominik zurück.

Im Schlafanzug, das Kopfkissen unter dem Arm, kletterte er auf den Drachenrücken.

„Sitzt du gut?" brummte der Drache.

„Prima!" rief Dominik und gab dem Drachen das Startzeichen. Der Drache knurrte zufrieden, und – schschuch!!! – hob er ab.

Sie flogen und flogen. Höher als Sterne fliegen. Der Himmel war tintenschwarz. Mit Sternlein wie Glühwürmchen, so klein. Dominik war froh, sein Kissen zu haben. Es war dick genug zum Warmhalten und weich genug zum Ganzreinkuscheln. Bis zur Nasenspitze.

„Wir fliegen zur Sonne", sagte der Drache. „Zur anderen Seite der Welt. Willst du?"

„Nur zu", murmelte Dominik.

Unter sich sah er die Erde kullern, blau und weiß. Eine wundervolle Murmel, voll mit geheimnisvollem Licht.

„Geht's dir gut?" fragte der Drache.

„Sehr", antwortete Dominik.

„Höher rauf?" fragte der Drache weiter.

„Jippie!" schrie Dominik und klopfte dem Drachen mit beiden Händen den Schuppenhals. Da flogen sie höher.

Ein Licht, so heiß und weiß und rot wie Feuergarben, sprang am Himmel auf. Dominik schrie vor Angst und Entzücken.

Mit flammenden Zungen leckte das Licht zu ihm hin.

„Die Sonne", knurrte der Drache. „Ein echter Feuerball. Herrlich, nicht wahr?" Seine Flügel bogen sich knisternd in der Hitze. Da ließ er sich plötzlich fallen. Ein Teppich aus Schaum lag über der Welt, als der Drache seinen Sturzflug bremste. Dominik streckte vorsichtig eine Zehe aus.

„Sitz still", mahnte der Drache. „Du wirst fallen."

Dominik zupfte den Drachen am Ohr. „Ich?" fragte er lachend. „Ich doch nicht!"

Der Drache zuckte mit allen Schuppen. Er warf den Zackenschwanz und die Flügel herum. Nur einmal. Nur ganz, ganz kurz, doch für Dominik reichte es. Purzelbäume und Rad schlug er in der Luft.

Tauchte ganz tief in den Wolkenschaum, hinab durch feuchte, kühle, zarte Wolkenflocken, über sich den Schatten des Drachen.

„Genug?“ rief der Drache ihm zu.

„Hilfe!“ schrie Dominik.

Da fing der Drache ihn auf. Fing ihn mit einer Flügelspitze und ließ ihn sacht zurück ins weiche Kopfkissen gleiten.

„Puh!“ machte Dominik.

Der Drache schüttelte sich vor leisem Lachen. „Schau unter dich!“ meinte er.

Unter Dominik leuchtete das Meer.

Segelschiffe schnitten die Wellen auf,

riesige Tanker wühlten ihre Spur hinein. Weiße Schiffe zogen Schaumlinien und Möwenschwärme hinter sich her.

„Super!“ sagte Dominik bewundernd.

Der Drache flog tiefer.

Da sah Dominik braune Kinder am Strand. Sie spielten, bauten Burgen aus Sand, zogen Kanäle und Deiche. Andere gruben sich bis zum Hals in Sand und wackelten mit den Zehen, die ihnen nicht mehr zu gehören schienen. Weiter hinten spritzten sich welche mit Wasser, tobten und kreischten. Ihr Lärmen und Lachen übertönte den Wind an Dominiks Ohren.

„Schön?“ wollte der Drache wissen.

Dominik nickte. „Sehr schön!“

Doch da lag das Meer schon weit hinter ihnen. Über Berge flogen sie hin. Über Berge mit schwarzen Tannen. Über Berge mit rotgoldenem Laub. Über Berge, himmelangsthoch und weiß von Schnee.

„Soll ich?“ fragte der Drache und setzte zur Landung an.

„Oh, bitte!“ rief Dominik und küßte den Drachen aufs Ohr. Da waren sie schon unten. Hui – pfiff der Wind. Hui – stiebte der Schnee.

Dominik schlang die Arme um sich selbst und stampfte mit den Füßen. „Kalt hier!“ wollte er sagen und brachte die Worte mit seinen steifgefrorenen Lippen kaum heraus.

„Warte!“ sagte der Drache.

Er holte tief Luft und blies seinen Atem über Dominik hin. „Hm, schön warm!“ strahlte Dominik.

Und dann bauten sie den Drachen. Einen großen weißen Superdrachen aus Schnee. Der Drache rollte Schneewalzen, Dominik rollte Schneebälle. Der Drache baute den Superdrachenleib. Dominik formte die Zacken auf dem Superdra-

chenrücken und natürlich das Superdrachengesicht. Es wurde wirklich ein wunderwunderschöner Drache. So wunderschön, daß Dominiks Drache sein Ebenbild küssen mußte, mit einem richtigen feuerheißen Drachenkuß.

„Oh!" rief Dominik. „Oh, nein!"

Der Superdrache war weg. Weggeschmolzen, einfach so. Nur eine Pfütze war übrig, eine glatte, blanke Pfütze aus Eis.

„Phantastisch!" lachte der Drache voll Bewunderung.

Er nahm Anlauf und schlitterte die Pfütze entlang – auf nur drei Beinen. Und – rumms! – lag er auf der Nase!

Dominik stand und giggelte und giggelte und konnte nicht mehr aufhören.

„Jetzt du!" brummte der Drache und rieb sich die Nase. Also nahm Dominik Anlauf und rutschte die Pfütze runter. Ohne nur einmal zu wackeln oder hinzufallen. Rutsch und flutsch – fertig aus.

„Das hättest du gleich sagen können", maulte der Drache, „daß du so gut glitschen kannst."

„Och", sagte Dominik und grinste. Irgendwas war wohl mit dem Grinsen, denn plötzlich fing der Drache zu lachen an. Fiel auf den Rücken vor Lachen. Lachte Drachentränen und kriegte das Drachenmaul nicht mehr zu. Bis die Lawine kam.

Dominik sah sie dick und schwer vom Berg rollen, genau auf den Drachen zu.

„Hee!" schrie er. „Steh auf! Achtung!"

Der Drache sah die Lawine aus einem Augenwinkel. Mit allen vier Beinen sprang er in die Luft und schnappte Dominik mit einer Flügelkralle.

Gerade rechtzeitig. Als er die Flügel ausbreitete und durchstartete, donnerte unter ihm die Lawine über die Pfütze weg ins Tal. Der Berg lag still und weiß und unberührt unter ihnen.

Dominik schluckte. „Wenn sie uns jetzt erwischt hätte", fragte er, „was dann?"

Der Drache schaukelte mit den Flügeln. „Sie hat uns ja nicht erwischt", brummte er, „oder?"

Am Horizont stieg es jetzt dunkel herauf. Rot rollte die Sonne davon. „Es wird Zeit", sagte der Drache. „Wir müssen heim." Er stieß Dominiks Schlafzimmerfenster auf. Sein Arm reichte bis an Dominiks Bett. Sanft deckte er ihn zu.

„Bis morgen", murmelte Dominik noch.

„Bis morgen", sagte der Drache.

Leise flog er zu seinem Berg zurück und ließ sich nieder. Den Kopf hoch aufgerichtet, sah er zu Dominiks Haus hinüber, still, wie aus Stein gemeißelt.

Im Osten ging die Sonne auf.

„Aufstehen, Langschläfer!" rief die Mutter und zog Dominiks Vorhänge auf.

Um die Burg drüben flogen weiße Wolkenfetzen.

„Nebel", stöhnte die Mutter. „Schon wieder dieser Nebel!"

Nebel?

Dominik lächelte in sich hinein. Er wußte es besser.

Und du?

Wir backen

Rahmbonbons mit . . .

Mandelsplittern

Zutaten
150 g Zucker
1/4 l Sahne
40 g Margarine oder Butter
1 TL Honig
das Mark einer Vanilleschote oder
1 Päckchen Vanillinzucker
1 Beutel Mandelstifte
etwas Öl

Aprikosen

Zutaten
200 g Zucker
1/4 l Sahne
50 g Margarine oder Butter
1 TL Honig
1 Fläschchen Bittermandel-Aroma
100 g getrocknete Aprikosen, in feine Stückchen zerteilt

Haferflocken

Zutaten
150 g Zucker
1/4 l Sahne
40 g Margarine oder Butter
1 TL Honig
1 EL Kakao oder
3 EL fertige Schokoladentrunkmischung
60 g grobe Haferflocken

Zubereitung

Alle drei Rezepte werden in derselben Reihenfolge ausgeführt: Wir geben zuerst den Zucker in eine große Pfanne oder in einen weiten flachen Topf. Nun erhitzen wir den Zucker, bis er geschmolzen ist. Dabei aber nicht das Umrühren vergessen! Sobald der Zucker sich aufgelöst hat, gießen wir die Sahne zu und rühren etwa 10 Minuten bei starker Hitze gut um, damit nichts ansetzt. Die Masse in der Pfanne oder dem Topf ist inzwischen dicklich geworden. Sogleich rühren wir das Fett, den Honig und – je nach Rezept – die übrigen Zutaten (Vanillinzucker u. Mandelstifte / Kakao u. Haferflocken / Bittermandel u. Aprikosen) darunter. Nach etwa fünf bis acht Minuten löst sich die Sahnemasse vom Topfboden.

Wir schaben den Topf mit einem Topfschaber aus und streichen die Bonbonmasse auf ein mit Öl gefettetes Backblech. Dort lassen wir sie erkalten und fast steif werden. Nun können wir entweder mit einem Messer Würfel schneiden oder von der Masse mit einem Teelöffel Stückchen abstechen.

Apfeltaschen

Zutaten
mehrere kleine, mürbe Äpfel
250 g Vollweizenmehl
1 TL Backpulver
70 g Honig
1 Päckchen Vanillinzucker
1 Ei
175 g Margarine oder Butter

Zubereitung
Zunächst schälen, halbieren und entkernen wir die Äpfel. Nun kneten wir aus allen anderen Zutaten einen festen Mürbeteig und lassen ihn mindestens eine halbe Stunde zugedeckt oder fest verpackt im Kühlschrank ruhen.

Sobald der Teig kalt und fest ist, streuen wir die Arbeitsplatte mit Mehl aus und reiben auch das Teigholz damit ein. Jetzt rollen wir den Teig gleichmäßig aus und stechen mit einem Glas Plätzchen von ungefähr 8 Zentimeter Durchmesser aus.

In die Mitte der Plätzchen je einen halbierten Apfel setzen. Nun bestreichen wir die Ränder mit Eigelb und drücken sie über dem Apfel zu einem Hütchen zusammen.

Die Apfeltaschen legen wir auf ein mit Backpapier ausgelegtes oder gut eingefettetes Backblech und lassen sie bei 200 Grad ungefähr 15 Minuten backen.

Auf einem Kuchengitter müssen die Apfeltaschen gut auskühlen. Dann stäuben wir sie mit Puderzucker ein.

Sonntagsbrötchen

Zutaten
500 g Weizenvollkornmehl
40 g Hefe
1 TL Salz
1 TL Zucker
300 g lauwarmes Wasser
50 g Fett (ungehärtete Pflanzenmargarine oder Butter)

Zubereitung
Wir geben alle Zutaten in eine Schüssel mit einem gut schließenden Deckel. Wir rühren gründlich durch, bis sich ein fester, glänzender Teig bildet. Nun schließen wir die Schüssel und stellen sie in ein mit heißem Wasser gefülltes Waschbecken.

Nach etwa 10 Minuten springt der Deckel der Schüssel ab, und der Teig hat sich mindestens verdoppelt.

Zuletzt formen wir 16 etwa gleich große Brötchen mit den Händen. Auf einem Backblech lassen wir die Brötchen nochmals aufgehen. Anschließend ritzen wir deren Oberfläche leicht ein und bepinseln sie mit Milch.

Wer lieber Mohnbrötchen mag, darf Mohnsamen auf die noch feuchte Oberfläche streuen. In einem Umluftbackofen backen die fertigen Sonntagsbrötchen zwischen 15 und 20 Minuten lang bei 220 Grad.

Feiertagsschnecken

Zutaten

1. 300 g Mehl
   1 Päckchen Backpulver
   75 g Zucker
   1 Päckchen Vanillinzucker
   1 Prise Salz
   1 Ei
   150 g Speisequark
   6 EL Milch
   8 EL Öl
   50 g Butter
   100 g Marzipanrohmasse

2. 50 g Rosinen
   50 g Korinthen
   50 g Mandeln, gehackt
   50 g Zucker
   1 Päckchen Vanillinzucker

3. 175 g Puderzucker
   2 EL Zitronensaft

Zubereitung

Alle Zutaten aus Block 1 in eine Rührschüssel geben und mit den Knethaken des Handrührgerätes oder der Küchenmaschine zu einem glatten Teig verarbeiten.

Den Teig zu einem Rechteck ausrollen (etwa 45 Zentimeter lang und 35 Zentimeter breit).

Nun alle Zutaten aus Block 2 in einer anderen Schüssel gut vermengen und den Teig mit dieser Masse bestreichen.

Anschließend den Teig aufrollen und mit einem scharfen Messer Scheiben davon abschneiden. Diese Rollen geben wir auf ein Backblech und lassen sie bei etwa 225 Grad für 15 bis 20 Minuten backen.

Nach dem Erkalten überstreichen wir die fertigen Schnecken mit dem Zuckerguß aus Block 3.

Bunte Schneeflocken

Zutaten
4 Eiweiß
250 g Zucker
300 g Kokosflocken
40 kleine runde Backoblaten
Saft von 1/2 Zitrone
Lebensmittelfarben

Zubereitung
Wir trennen die Eier sorgfältig in Eiweiß und Eigelb. Am besten gelingt es, wenn man dazu die eigene hohle Hand benutzt!

Dann schlagen wir das Eiweiß sehr steif und heben zuletzt eine Lebensmittelfarbe unter.

Nach und nach lassen wir den Zucker einrieseln.

Zuletzt legen wir den elektrischen Schneebesen beiseite und ziehen Zitronensaft und Kokosflocken mit einem Küchenlöffel unter die Eierschaummasse.

Mit einem Teelöffel stechen wir kleine Häufchen Teig ab und setzen diese auf die Backoblaten.

Das Backblech kann mit Backpapier ausgelegt werden, muß aber nicht gefettet sein.

Die bunten Schneeflocken bei 150 Grad/160 Grad in den Backofen schieben und ungefähr 30 Minuten backen lassen.

Zuletzt lassen wir unser fertiges Gebäck auf einem Kuchengitter auskühlen und bewahren es in einer gut schließenden Schachtel auf.

Walnußplätzchen

Zutaten
150–200 g Walnüsse ohne Schale
300 g Vollweizenmehl
1 1/2 TL Backpulver
100 g Honig
175 g Margarine oder Butter
1 Ei
Fett für das Backblech

Zubereitung
Wir hacken die Walnüsse entweder elektrisch oder mit einem Moccor.

Wer sich das nicht zutraut, kann sie auch in ein sauberes Küchenhandtuch schütten, zubinden und dann mit dem Teigholz darüberrollen, bis die Nüsse gut zerdrückt sind.

Aus Mehl, Backpulver, Zucker, weichem Fett, Ei und den Walnüssen rühren wir mit dem elektrischen Knethaken einen festen Teig. Diesen verpacken wir in Folie oder eine verschließbare Schüssel und lassen ihn eine halbe Stunde im Kühlschrank ruhen.

Merke: Der Teig bleibt tagelang frisch, wenn er so verpackt im Kühlen steht! Man muß ihn also nicht sofort weiterverarbeiten und backen.

Wenn der Teig kühl genug ist, formen wir daraus kleine Kugeln. Diese legen wir auf ein mit Backpapier ausgelegtes oder gut gefettetes Backblech und drücken die Oberfläche mit einer Gabel breit.

Zuletzt schieben wir das Blech in den Backofen und stellen entweder auf 200 Grad bei Elektro- oder Stufe 3 bei Gasanschluß ein. Die Backzeit beträgt ungefähr 10 Minuten. Danach heben wir die fertigen Plätzchen auf ein Kuchengitter und lassen sie abkühlen.

Hirse-Erdnuß-Plätzchen

Zutaten
150 g Margarine oder Butter
100 g flüssigen Honig
2 Eier
100 g Weizenvollkornmehl
100 g Hirseflocken
100 g feingehackte Erdnüsse
Schale einer unbehandelten oder sehr heiß abgewaschenen und gebürsteten Zitrone
2 EL Mandeln

Zubereitung
Wir geben Fett, Honig und Eier in eine Schüssel und rühren alles mit dem elektrischen Schneebesen schaumig.

Nun fügen wir Weizenvollkornmehl, Hirseflocken, Erdnüsse und Zitronenschale hinzu. Wir rühren alles gut durch und lassen den Teig ein bis zwei Stunden ruhen.

Zuletzt setzen wir mit zwei Teelöffeln kleine Teighäufchen auf das gut gefettete oder mit Backpapier ausgelegte Backblech. Wir drücken in jedes eine Mandel und schieben das Blech in den Ofen. Darin müssen die Plätzchen etwa 20 bis 25 Minuten bei 180 Grad backen. Wer einen Umluftherd hat, darf eine etwas kürzere Backzeit annehmen.

Aus der gesamten Teigmasse erhalten wir ungefähr dreißig bis vierzig Plätzchen. Diese müssen allerdings mindestens zehn Tage fest verschlossen ruhen, damit sich das Aroma voll entfalten kann.

Winteranfang

Winteranfang

Nebel zieht über Feld und Wald,
die Nächte werden schwarz und kalt,
der Rauhreif haftet in Nadeln und Sternen,
und aus den Wolken, den himmelfernen,
tanzt das erste Flockenkind
mit dem Wind.

Warum der Baum im Winter Urlaub macht

„Aufstehen, Faulpelz!" ruft Mutter. „Es ist Winter geworden über Nacht."

Ratsch, ratsch – zieht sie die Rolläden hoch.

Jochen blinzelt in den Garten hinaus. Auf den schwarzen, frisch umgeworfenen Erdschollen der Blumenbeete, auf den Grasspitzen, überall glitzert es. Und die Bäume stehen wie feine Scherenschnitte in der dünnen Morgensonne.

Wenig später klappt die Gartentür hinter Jochen und seiner Mutter ins Schloß. Sie gehen in den Park, wie an jedem Samstag. An Jochens Fingerspitzen kleben Rauhreifkristalle mit langen Nadeln, wenn er über die Zaunlatten am Wegrand streift. Sein Atem steht als Wolke vor dem Gesicht, und die Lippen sind steif vor Kälte.

Mutter und Jochen bleiben stehen und gucken sich in dem alten Park um, der heute gar nicht wiederzuerkennen ist. An jedem Zweig der Kastanien glänzen Knospen in braunschwarzen Blatthüllen. Da, wo die Hüllen übereinanderlappen, sitzt dick und flauschig der Reif.

„Sie haben Pelzmützen auf", sagt Jochen.

Mutter lächelt. Als sie ihn küßt, hinterläßt ihre Nase ein feuchtes Pünktchen auf seiner Wange.

„Freuen sich die Bäume über den Winter?" Jochen sieht sich zweifelnd um.

„Sicher", gibt Mutter zur Antwort. „So ein Baum muß viel tun: Im Frühling die Knospen öffnen, die du jetzt schon siehst. Blüten treiben und Früchte ansetzen. Die Früchte wachsen und reifen lassen, damit wir und die Tiere sie im Herbst ernten können. Im Herbst dann wieder neue Knospen ansetzen, die den Winter überdauern und im Frühling aufbrechen. Winter ist wie Urlaub für Bäume."

Jochen schaut die Bäume verwundert

an. Noch nie hat er über all das nachgedacht.

„Das ist aber noch längst nicht alles, was so ein Baum kann", erklärt seine Mutter. „Er atmet nämlich auch schlechte Luft ein und verwandelt sie in seinen vielen Blättern in frische. Würde der Baum das nicht für uns tun, würden wir alle bald ersticken."

Jochen staunt immer mehr.

„Ja", sagt Mutter, „wenn es draußen kalt wird, weiß der Baum, daß er sich nun ausruhen darf. Er läßt weniger Saft aus den Wurzeln aufsteigen, darum vertrocknen die Blätter und fallen auf den Boden. Dort verfaulen sie. Allmählich wird neue Erde aus ihnen. Darin breitet der Baum dann seine Wurzeln aus, damit er Nahrung aufsaugen kann."

„Warum wirft er die schönen Blätter denn ab?" fragt Jochen. „Das ist doch gemein, wenn er sie einfach verhungern läßt."

„Nein", widerspricht Mutter. „Das muß so sein, weil sonst der Saft, der die Blätter ernährt, in den Baumadern gefrieren würde. Eis nimmt mehr Platz weg als Wasser, verstehst du? Es würde den schönen Baum auseinandersprengen, so daß er sterben müßte. Außerdem würden Blätter im Winter den Schnee auffangen. Die Schneelast würde den Baum auseinanderreißen und seine Äste abbrechen."

„Dann ist er mir ohne Blätter schon lieber", murmelt Jochen.

„Nicht wahr?" stimmt Mutter zu und lockt eine Ente herbei, die auch gleich mit lautem Hungerschnattern herbeiwatschelt. „Hast du überhaupt schon bemerkt, wie wunderschön ein Baum im Winter ist? Wie sich die feinen Äste vor dem Himmel abheben! Als ob der Himmel ein Spinnennetz wäre."

Jochen füttert die Ente und ist sehr nachdenklich geworden.

„Können Tannenbäume das alles eigentlich auch?" fragt er nach einer Weile und sieht Mutter an.

„Jeder Baum", sagt sie.

„Weihnachtsbäume aber nicht", überlegt Jochen laut.

„Außer, wir kaufen einen mit Wurzeln im Topf", schlägt da Mutter vor.

Da kann Jochen wieder lachen.

Auf dem Eis

Thomas, Max, Oskar, Piet und Johannes waren in der Eishalle gewesen. Die Schlittschuhe baumelten am Schnürsenkel über ihrer Schulter, als sie über die Fußgängerbrücke am Moorsee nach Hause gingen. Eis bedeckte die Wasserfläche, so weit die Jungen sehen konnten. In der Nähe des Schilfgürtels im Uferbereich gab es ein paar offene Stellen. Darin lagen die Schwäne und Enten und warteten auf bessere Zeiten.

„Wer traut sich und kommt mit?" rief Thomas plötzlich und rannte zum See. „Das Eis ist garantiert dick genug."

„Laß den Unsinn!" sagte Oskar und zeigte auf ein Schild, das am Ufer angeschlagen war. „Betreten des Eises verboten!" las er laut vor und ergänzte: „Wenn das Eis hält, hängen die Leute von der Stadtverwaltung das Schild zu."

Thomas ließ sich nicht beirren. Er wohnte erst kurze Zeit in der Stadt und versuchte, die neuen Klassenkameraden durch immer neue waghalsige Streiche zu beeindrucken.

„Feigling, Feigling!" höhnte er jetzt und band schon die Schlittschuhe zu. „Das Eis ist mindestens zehn Zentimeter dick. Ihr habt ja bloß die Hosen voll."

Mit zwei, drei langen Schwüngen war er draußen auf der spiegelnden Fläche und fing an, Schleifen zu laufen. Es sah schön aus. Das Eis knisterte unter den Kufen. Thomas achtete nicht darauf. Das Eis knirschte, feine Sprünge zeigten sich darin. Thomas sah es gleichgültig mit an. Er kannte nur das Eis in der Eishalle; und dort war es nicht von Bedeutung, ob das Eis knisterte oder nicht. Voll Übermut winkte er den anderen zu, die immer noch am Ufer standen. Plötzlich gab es einen dumpfen Knall, der weit übers Eis hinrollte. In der nächsten Sekunde quoll Wasser aus einem gut fingerbreiten Sprung unter Thomas' Füßen. Mit aller Kraft versuchte er, sich zu retten, doch sein Schlittschuh verfing sich mit der Spitze im gesplitterten Eis. Es krachte, als Thomas einbrach und versank.

Die Kameraden am Ufer schrien erschrocken auf. Nur Johannes bewahrte Nerven. Vor zwei Jahren war er selbst einmal eingebrochen und erinnerte sich noch gut, was zu tun sei.

„Leg die Arme flach aufs Eis, Tommi!" schrie er. „Nicht an den Kanten festhalten; die brechen bloß weg. Und Wasser treten, dauernd Wasser treten, so fest du kannst!"

Thomas hatte verstanden. Es fiel ihm schwer, die Arme aufs Eis zu schwingen und mit den Schlittschuhen an den Füßen Wasser zu treten, aber die Anstrengung vertrieb die aufsteigende Panik ein wenig. Nur die Kälte biß immer heftiger.

Die anderen schauten Johannes erwartungsvoll an. „Was jetzt?" fragte Piet.

„Wir müßten eine Leiter haben, das wäre am besten", überlegte Johannes.

„Max, du bist am schnellsten von uns. Du rennst zum nächsten Haus und besorgst eine. Für alle Fälle."

Max flitzte sofort los. Das nächste Haus lag gut zehn Minuten entfernt, da half nur Endspurttempo.

„Und wir?" drängte Oskar.

„Wir versuchen, eine Kette zu bilden und Thomas rauszuziehen", gab Johannes zurück. „Hat einer einen langen Schal oder Gürtel oder so was bei sich?"

„Wozu?" wollte Piet wissen und wickelte schon seinen Judogürtel ab, den er immer bei sich trug.

„Vielleicht müssen wir Thomas ziehen", erklärte Johannes kurz.

Vorsichtig schob er sich auf die Eisfläche hinaus und legte sich in einiger Entfernung zum Seeufer auf den Bauch. „Du, Piet", rief er hinter sich, „du faßt mich an den Füßen und kriechst mir nach. Dann faßt Oskar deine Füße. Wir dürfen nur langsam bis zum Loch vorkriechen. Aber zu dritt haben wir vielleicht Kraft genug, einer den anderen festzuhalten und Thomas rauszuziehen."

Piet bekam vor Angst ganz feuchte Hände. Doch Thomas rutschte schon immer öfter vom Eisrand ab. Seine Lippen waren bereits blau vor Kälte. Was zählte dagegen ein bißchen Angst?

Vorsichtig robbten sie einer hinter dem anderen über das Eis, immer dem Loch entgegen.

„Halt durch, Tommi!" rief Piet einmal. „Wir sind gleich bei dir."

Das Eis knirschte bedenklich unter Johannes, als er Thomas beide Arme entgegenstreckte. „Faß an!" flüsterte er und wagte kaum zu atmen.

Thomas schwang sich über den Eisrand, doch ehe er die helfenden Hände ergreifen konnte, brach die Scholle unter ihm.

„Noch mal!" rief Johannes und schob sich ein wenig seitwärts, wo weniger Risse durch das Eis liefen.

Thomas biß die Zähne zusammen. Er hatte nicht mehr viel Kraft, aber er gab sich Mühe. Millimeter nur fehlten, so weit kam er aus dem Wasser hoch. Und doch verfehlte er die ausgestreckten Hände.

„So schaffen wir's nicht“, stellte Johannes fest und wandte sich ein wenig um. „Wir müssen es mit dem Gürtel probieren. Piet?“

Wie eine Schlange zischte der feste Judogürtel über das Eis nach vorn. Johannes fing ihn geschickt auf.

„Du mußt ihn dir um die Brust legen, Tommi!“ sagte er. „Dann wirfst du mir das andere Ende zu und schwingst dich noch einmal hoch. Ich ziehe mit. Du wirst sehen, es klappt.“

Thomas versank bis zu den Ohren im Eiswasser, aber es gelang ihm, sich den Gürtel umzuknoten und das restliche Ende aufs Eis hinaus zu werfen.

„Eins, zwei, drei und hau ruck!“ zählten die Jungen in der Kette vor und umklammerten einer die Füße des anderen. Bei „hau ruck“ schnellte Thomas sich, so hoch er konnte, aufs Eis hinaus. Johannes zog gleichzeitig am Gürtel mit, während Piet und Oskar Johannes an den Füßen rückwärts zerrten.

Geschafft! Thomas lag tatsächlich auf Eis, das ihn trug. Sehr langsam brachten die Freunde ihn in Sicherheit. Er spürte es kaum. Nur ein Gedanke hatte Platz in seinem Kopf: „Ich lebe!“

Zum Glück hatte Max inzwischen Hilfe herbeigeholt, so daß Thomas sofort ins Krankenhaus gebracht werden konnte. Vier Tage mußte er dort wegen Unterkühlung behandelt werden, aber das war ja nicht schlimm. Er hatte ja schließlich Freunde, vier Stück; für jeden Tag einen, der ihn besuchte.

Winterfreud, Winterleid

Wenn's im Winter endlich schneit,
wenn der Wind die Flocken treibt,
wenn vom Eise glänzt der See,
dann juchhe,
dann juchhe!

Wenn der Niklaus nicht mehr weit,
wenn Advent die Weihnachtszeit
leuchten läßt mit hellem Schein,
dann ist's fein,
dann ist's fein.

Doch läßt uns der Winter sitzen,
läßt statt Schnee nur Blüten blitzen,
läßt er uns statt frieren schwitzen,
dann o weh,
dann o weh!

Schießübungen

Schneidend kalt war's. Die kahlen Bäume im Garten saßen voll hungriger Vögel. Selbst die scheuen Bergfinken hatte es in die Nähe der Menschen getrieben, doch die Krähen verteidigten das ihnen angestammte Revier.

Charlie und Theo beobachteten die Vögel vom Fenster aus.

„Mein Opa sagt, die Krähen sind schuld, daß es so wenig Singvögel gibt", meinte Theo. „Er sagt, man müßte die schwarzen Biester mit dem Luftgewehr abschießen, dann hätten wir bald wieder so viele wie früher."

„Mein Vater hat eins", sagte Charlie.

„Kannst du denn schießen?" Theo schaute zweifelnd.

„Im Verein darf ich auf Scheiben", prahlte Charlie.

„Aber treffen nicht", lachte Theo und klatschte in die Hände, um die Krähen aufzujagen.

„Und ob!" sagte Charlie. „Manchmal besser als mein Vater."

Schweigend sahen sie einander an. „Beweis es!" rief Theo. „Wenn du eine Krähe triffst, glaub' ich's."

Zögernd schloß Charlie den Gewehrschrank seines Vaters auf. „Komm, wir lassen's!" sagte er. „Vielleicht darfst du ja mal mit zum Schießstand. Dann beweise ich's."

„Feigling!" spottete Theo. „Angeber!"

„Also gut!" Charlie gab nach. „In unserem alten Birnbaum sitzen die meisten Krähen. Von der Bodenluke aus sehen wir sie bestimmt."

Leise schlichen die Jungen über die knarrende Dachbodentreppe hinauf.

Endlich standen sie am Fenster. Die Scheibe war blind vom Schmutz, und der Riegel quietschte, als sie ihn aufstießen.

„Da sind sie!" rief Theo. Charlie nickte.

Wie schwarze Bälle kauerten aufgeplustert die Krähen in den oberen Birnbaumzweigen. Gleich darunter bildeten dicht aneinandergeschmiegte Spatzen kleine Reihen.

„Die fette Schwarze links oben“, bestimmte Theo. „Die mußt du treffen, so fett, wie die ist.“

Charlie sah ihn von der Seite an. „Mensch, bist du aber zapplig!“ Betont langsam knickte er den Lauf des Luftgewehrs ab, drückte eine Hütchenpatrone hinein und ließ das Schloß einrasten. „Also, welche soll ich?“ fragte er und zog das Gewehr an die Wange.

„Da oben die!“ schrie Theo. „Die ganz allein sitzt.“

Charlie ließ die Waffe sinken. Doch Theo hatte das Jagdfieber gepackt. „Schieß doch endlich!“ Außer sich vor Erregung, warf er sich herum, stieß Charlie beiseite und packte gleichzeitig das Gewehr am Lauf. Polternd schlugen die Jungen zu Boden.

„Spinnst du?“ stöhnte Charlie und wand sich unter Theos Gesicht. Mit aller Kraft riß er an seinem Gewehr, das Theo mit beiden Händen umklammerte.

Plötzlich ein kurzer, bellender Knall. Theos wütende Augen weiteten sich. Auf seiner Wange zeichnete sich ein schwarzer Streifen ab, aus dem es rot hervorsikkerte.

„Du –“, sagte er dünn. „Du hast mich ...“ Dann rutschte er in sich zusammen.

Charlie starrte ihn an. „Theo!“ schrie er auf, warf das Gewehr fort, sprang auf und stolperte zur Bodenklappe. „Hilfe!“ stieß er dabei hervor. „Vati, Hilfe!“

Der Vater hatte im Keller gewerkelt und von allem nichts bemerkt. Erst das Schußgeräusch schreckte ihn auf. Als er außer Atem den Kopf zur Bodenklappe hereinsteckte, rappelte Theo sich soeben mühsam auf.

Schützend hielt er die Hand über der blutenden Wange. „Wie das brennt!“ jammerte er. „Au!“

Charlies Vater erfaßte die Lage mit einem Blick: Die offene Fensterscheibe, das Gewehr, verschüttete Munition, der Streifschuß an Theos Wange und natürlich Charlie, der bleich daneben stand.

„Da seht ihr selbst, wie gut eine Kugel tut und wie wunderbar Schmerzen sind“, schimpfte er. „Wir sprechen uns noch, meine Herren. Aber erst ab zum Arzt.“

Als der Vater die Autotür zuschlug, stoben Vögel in den Winterhimmel auf, große und kleine, ein richtiger Schwarm.

„Ich konnte einfach nicht abdrücken“, murmelte Charlie und sah Theo an. „Die leben doch.“

Theo versuchte ein Lächeln, trotz der schmerzenden Wange. „Vielleicht sollten wir mal mit Hammer und Nagel zielen üben und ein Vogelhäuschen bauen“, schlug er vor.

Charlie lächelte zurück. „Aber eins für alle.“

Draußen

Wir stellen vor das Fenster hier
den Christbaum für die Vogelscharen.
Wie werden sie so fröhlich sein,
wenn sie den schönen Baum gewahren.
Wir hängen kleine Näpfchen dran,
die wir mit Öl und Körnlein füllen.
Ihr Vögel kommt und pickt nur zu!
Ihr sollt euren Hunger stillen.

Volksgut

Schlittenfahrt

Gestern fand ich eine Tüte,
bunt bedruckt und erste Güte,
nahm sie mit und rutschte munter
unseren Schlittenberg hinunter.

So 'ne Tüte, unumstritten,
ist der allerbeste Schlitten,
wenn der Schneeberg, fest und glatt,
sich mit Eis bezogen hat.

Zappelnd rutscht man auf dem Bauch,
auf dem Po probiert man's auch,
bohrt zum Schluß mit viel Effekt
alle viere in den Schnee.

So 'ne Tüte, siebzig Sachen
kann die leicht und locker machen.
Aber hörst du mal ein Schrein,
na, dann war da wohl ein Stein . . .

Mutmachgeschichte

Cornelia lebte in einem wundervollen Haus, inmitten eines wundervollen Gartens mit einem wundervollen Gartentor aus Schmiedeeisen. Und ihr Zimmer war voll von wundervollem Spielzeug.

Trotzdem war Cornelia nicht froh. Wollte sie der Puppe den Zopf neu flechten, rief die Mutter: „Daß du ihr nur ja nicht wieder die Haare ausreißt!"

Wollte sie mit dem Teddybär schmusen, gleich mahnte die Mutter: „Er hat Drahtstäbe in den Armen. Du wirst dich stechen."

So ging es den ganzen Tag. Und draußen war es noch schlimmer, denn der Winter hatte Einzug gehalten. Nun gab es Eispfützen, auf denen Cornelia nicht rutschen, und Schnee, den sie nicht anfassen

durfte. So kam es, daß sie am liebsten still am Fenster saß und den anderen Kindern beim Spielen zusah.

Eines Mittags aber flog ein Schneeball mitten in Cornelias geöffnetes Fenster.

„He, du!“ Ein roter Haarschopf schob sich über das Fensterbrett. „Kleine Schneeballschlacht gefällig?“

„Nein“, stotterte Cornelia. „Ich kann nicht.“

„Wieso?“ fragte der Junge. „Ist was mit deinen Händen?“

Cornelia schwieg verlegen.

„Willst du meine Katze?“ fragte der Junge plötzlich. „Wir haben zuviel davon.“

Cornelia wußte nicht, was sie antworten sollte. Sie hätte gern eine Katze gehabt. Aber was würde die Mutter dazu sagen?

„Also, da hast du sie“, sagte der Junge und zog eine rotweißgefleckte Katze unter dem Pulli hervor. „Sie heißt Drops.“

Die Katze zappelte in Cornelias Arm. Auf der Treppe hörte man den Schritt der Mutter näher kommen.

„Schnell unters Bett“, flüsterte Cornelia aufgeregt und schob die Katze ganz weit unter die überhängende Tagesdekke. Aber Drops hatte keine Lust, in der fremden dunklen Umgebung zu bleiben. Ausgerechnet in dem Moment, als die Mutter eintrat, krabbelte sie hervor.

„Was ist das, Cornelia?" fragte die Mutter. „Du willst dieses Tier doch nicht etwa behalten?"

„Doch", sagte Cornelia und bückte sich nach der Katze.

„Nur das nicht, Kind!" rief die Mutter. „Sie wird dich kratzen. Womöglich bekommst du sogar eine Allergie."

Der aufgeregte Ton erschreckte die Katze. Mit einem Satz war sie zum Fenster draußen und unter einem Busch verschwunden.

„Zum Glück!" sagte die Mutter. Und dann tröstete sie Cornelia. Es stellte sich aber bald heraus, daß die Katze nicht endgültig fortgelaufen war. Sie wohnte im Garten, und Cornelia legte heimlich ihre Frühstückswurst für sie aufs Fensterbrett. Die Mutter merkte nichts davon.

Dann kam ein Schneesturm. Der Himmel wurde schwarz. Der Wind kreischte um die Hausecken und trieb den Schnee wie eine Wand vor sich her. Cornelia stand am Fenster und schaute hinaus. Plötzlich vernahm sie ein verzweifeltes Maunzen. Die Katze schmiegte sich furchtsam in die Fensterlaibung des Untergeschosses, aber der Wind riß viel zu heftig an ihr.

So unverhofft, daß die Mutter nur verdutzt schauen konnte, rannte Cornelia hinaus. Sie hatte ganz vergessen, langsam zu gehen, das Treppengeländer zu benutzen und auf ihre Füße zu schauen.

„Kind!" rief die Mutter hinterher. „Du wirst dich erkälten. Laß doch das Tier!"

Aber es kam keine Antwort.

Sicher steht sie jetzt schon unten, das kleine Dummchen, dachte die Mutter und ging die Treppe hinunter. Rasch, ich muß ihr helfen.

Die verglaste Haustür schwang auf und zu im Wind. Jetzt erschien plötzlich Cornelia wieder auf der Schwelle, über und über voll Schnee. Die Katze hielt sie im Arm.

„Sie kratzt mich nicht!" sagte sie. „Niemals."

Und dann nahm sie die Katze ins Haus.

Ein Wintergedicht

Liegt die Welt
im Schlummer auch,
schon im Winterkleide,
singt
im schwarzen Maulbeerstrauch,
zag
ein Vogel
doch
und leise.

Singt ein Lied
von Lieb' und Leide,
plustert auf
sein zart' Gefieder.
Läßt der Schnee sich darauf nieder,
hüllt,
der kalte,
warm
ihn ein.

Tom und der Riese

„Bleib nicht zu lange!" ruft Mutter ihm nach.

Tom zieht die Schultern hoch, bis der Kragen an die Mütze stößt. „Nein", sagt er. Er schaut der kleinen Wolke nach, die dabei aus seinem Mund flattert und versucht, Kringel zu blasen, wie sein Vater das mit Zigarettenrauch macht.

Dann geht er. Als er sich nochmals umdreht, wirft er Mutter noch eine Kußhand zu. Der Schlitten klappert hinter ihm drein, denn auf dem Bürgersteig liegt kein Schnee mehr. Die Nachbarn haben schon früh am Morgen ordentliche Häufchen am Straßenrand aufgeschippt. Tom hat die Schaufeln über die Steine kratzen gehört. Die Haufen erinnern an Dünen. An solche, wie Tom sie in Holland gesehen hat, letzten Sommer, am Meer. Da versanken die Beine bis über die Waden im Sand, wie jetzt im Schnee.

Ein Nachbar klopft mit dem Finger ans Fenster. Es ist der alte Herr Blastin, der auch schimpft, wenn die Kinder auf der Straße Fußball oder Indianer spielen. Das Klopfen läßt die Scheibe klirren. Tom erschrickt. Er rennt ein paar Schritte, ehe er sich wieder umzublicken wagt. Und da sieht er es: Hinter ihm ist ein Riese durch die Schneedünen gewatet. Er hat Füße wie Elefantenbeine so groß und dick. Jetzt ist er fort, klar. Wenn einer so wild an die Scheibe pocht, kriegen sogar riesige Riesen Angst. Tom ballt die Fäuste. Er ist auf einmal böse, riesenböse.

„Jemandem angst zu machen ist feige", hat Vater gesagt. Auch Riesen angst zu machen ist feige, denkt Tom. Und während er die Brauen finster zusammenzieht, fühlt er, wie der Riese ganz heimlich wieder aus dem Versteck schleicht und sich hinter seinem Rücken versteckt.

„Komm", sagt Tom. „Ich beschütze dich."

Dann gehen sie miteinander weiter, der Riese und er. Immer geradeaus über die Schneedünen bis zur Moorteichwiese, wo die Rodelbahnen sind.

Tom schaut ein bißchen zu, wie die anderen fahren, und tritt von einem Fuß auf den anderen, ehe er sich auf den Schlitten setzt. Die Großen haben die Bahn scharf gemacht, abends schütten sie Wasser über den Abhang. Da zischen am Morgen die blankgewetzten Schlittenkufen nur so übers Eis. Tom stellt die Füße schon mal neben die Kufen, ruckt den Schlitten hin und her. Nur so. Fahren will er noch gar nicht. Eigentlich weiß er nicht einmal, ob er überhaupt fahren will.

„Eis ist doof", flüstert er dem Riesen zu, der hinter ihm sitzt. Der Riese gibt keine Antwort. Klar, warum. Wenn er nur ein Wort sagte, würde seine Riesenstimme über die ganze Welt donnern, mindestens aber über die ganze Moorteichwiese, und dann wüßte jeder: Der Tom hat einen Riesen. Und verraten wollen sie sich ja nicht. Also schweigt er. Trotzdem spürt Tom, daß der Riese das Eis gar nicht doof findet. Er findet es sogar ganz toll. Tom merkt im Nacken, wie ihn der Riese anschaut, fast ein bißchen enttäuscht und so, als wolle er am liebsten ganz verschwinden.

„He, Eierpflaume!" Das ist Stefan, der Dicke. Mit „Eierpflaume" ist Tom gemeint. Das sagt er, weil Tom blond ist und ein bißchen ängstlich. Ängstlicher jedenfalls als der dicke Stefan. Der ist aber auch schon zwei Jahre älter. „Hast wohl die Hosen voll, was?" Stefan lacht, daß sein Doppelkinn wackelt. Er macht einen Schritt auf Tom zu, schnellt den Arm vor. Er meint es nicht böse, sondern will sich nur den Bauch halten vor Lachen, wenn der Kleine davonrennt. Und sich dabei ganz mächtig fühlen.

Als Toms Schlitten plötzlich lossaust, wird aus Stefans fettem Lachen vor Schreck eine schiefe Faschingsfratze. Er kann ja nicht wissen, daß hinter Tom ein

Riese sitzt. Einer, der den Schlitten mit seinen langen Beinen einfach angeschubst hat, weil er Stefans Getue satt hat.

Aber Tom weiß es. Der Riese lacht und johlt die ganze Zickzackbrausefahrt lang auf dem Schlitten. Und Tom lacht und johlt noch viel lauter. Er lenkt den Schlitten mit den Absätzen, bis dieser in weitem Bogen auf der Wiese ausläuft. Geradeso, als hätte Tom alles schon tausendmal gemacht.

„Bleib nur sitzen", sagt er zu dem Riesen, als der Schlitten hält, und steigt mit wackligen Knien ab. „Ich ziehe dich." Da macht sich der Riese mäuschenklein und federleicht. Aber Tom weiß trotzdem, daß er da ist.

Gerade rauscht Stefan vorbei. Die Augen noch ganz weit vor Staunen. Tom winkt ihm zu, so mit zwei Fingern von der Stirn aus, wie Vater es manchmal macht, wenn er höflich sein muß, aber nicht sein will.

Tom fühlt sich einfach großartig.

Wintergutenachtlied

Am Himmel wird es dunkel,
der Tag legt sich zur Ruh'
und zieht mit Sterngefunkel
die Nachtgardine zu.

Der Igel schläft gemütlich
und warm im Brombeerstrauch,
die Frösche schnarchen friedlich,
die Haselmäuse auch.

Die Vögel in den Bäumen,
die Fische tief im See,
sie fangen an zu träumen
und haben's warm im Schnee.

Auch du liegst jetzt im Bettchen,
die Augen sind so müd,
vom Schlaf sind deine Bäckchen
ganz warm und rot erglüht.

Da schleicht auf Zehenspitzen
der Sandmann sich ins Haus,
läßt goldne Träume blitzen
und bläst das Mondlicht aus.

Schnellsprechsätze

Wir Weihnachtswichtel wollten winters weiche Wolle weben,
wenn Weben weicher Wolle Weihnachtswichtelwerk wäre.

Sieben seit sechs Stunden steinerweichend stöhnende Stiefelputzer stauben Stehaufmännchen Stiefelspitzen ab.

Neunzig neunmalkluge niemals nach Nilpferden nickende Nixen niesen neuerdings nie.

Weihnachtsmänner essen gern Sahnewaffeln, Sahnewaffeln essen Weihnachtsmänner gern.

Zwei süß singende Sängerknaben saßen zwischen Zwitschervögeln im Zwetschgenbaum.

Unter zimtbraunen Zipfelmützen zappelnde Zwuckelzwerge zanken, doch in rostroten Röckchen reitende raufen nie.

Lustige Lebkuchen locken listige Leckermäulchen.

Die kleine Schneeflocke

An einem Winternachmittag, der mild wie im Frühling war, trug der Wind die Dämmerung aus den Gletscherspalten herunter und setzte sie auf einer Wiese nahe am Waldrand ab. Dort ging sie durch das Gras und ließ ihre blauen Schleier wehen, bis es ringsum immer dunkler wurde.

Und wie sie so vorsichtig die Füße setzte, um die in der Erde schlafenden Knospen nicht zu verletzen, fand sie plötzlich eine schimmernde Schneeflocke.

„Was machst du denn hier?“ fragte die Dämmerung verwundert. „Weißt du denn nicht, daß auf der Erde Schmelzgefahr für dich besteht?“

„Doch“, flüsterte die kleine Schneeflocke und war schon recht durchsichtig. „Aber ich wollte so gern die Kinder kennenlernen und Rodelschlitten und ...“

„Vergiß es!“ lachte die Dämmerung. „Der Winter ist abgeschafft. Rodelschlitten kennen die Kinder fast nicht mehr.“

„Aber warum?“ rief die kleine Schneeflocke. „Mögen sie keinen Schnee?“

„Doch, doch“, antwortete die Dämmerung. „Auf den höchsten Bergen suchen sie ihn. Aber auch dort schneit es nicht.“

„Kennst du Petrus?“ fragte die kleine Schneeflocke. „Den Wettermacher?“

„Nicht persönlich“, gab die Dämmerung zurück. „Was ist mit ihm?“

„Er kann nicht mehr auf die Erde gukken“, sagte die kleine Schneeflocke. „Das längste Himmelsfernrohr reicht nicht aus,

durch die schmutzigen Wolken zu schauen. Darum weiß niemand bei uns oben, welche Jahreszeit gerade herrscht."

„Du mußt es ihm erzählen!" rief die Dämmerung. „Du hast es ja gesehen."

„Das geht nicht", wisperte die kleine Schneeflocke. „Ich – schmelze. Und Regentropfen müssen in den Wolken warten, die zu schwer sind, um bis zu Petrus aufzusteigen."

Die kleine Schneeflocke war immer wäßriger geworden. Bei ihren letzten Worten rann sie als Tropfen ins Gras und wäre verschwunden, hätte die Dämmerung sie nicht aufgefangen und in ihr Schultertuch geschoben.

„Roll mir nicht davon, kleine Schneeflocke", mahnte sie dabei. „Ich will sehen, was ich für dich tun kann. Laß mich nur erst meine Schleier ausbreiten, damit die Nacht sich ihre Sternenaugen nicht im hellen Licht verdirbt."

Langsam ging sie weiter, spannte ihre Schatten von Baum zu Baum und gelangte schließlich an einen See. An seinem Ufer saßen die Geschwister Nebel zusammen, die zwischen den Schleiern der Dämmerung Versteck spielen wollten.

„Hört mal", sprach die Dämmerung sie an, „ihr müßt mir helfen. Tragt ihr ausnahmsweise einmal an meiner Stelle die Dunkelheit mit euren Nebelgewändern aus. Ich muß in meinen Berg zurück."

Die Geschwister Nebel fragten nicht viel und ließen sich auch nicht lange bitten. Doch da sie nicht arbeiten konnten, ohne gleichzeitig zu spielen, feuchteten sie zuerst ihre Kleider im See. Dann griffen sie mit beiden Händen in die nassen Säume und schüttelten sie bei jedem Schritt. Wo sie gegangen waren, blieb eine Spur, die wie Diamanten funkelte.

Die Dämmerung aber eilte inzwischen zu ihrer Gletscherspalte. Dort war es grabeskalt. Die Wände glitzerten blau, und in den unterirdischen Domen aus Eis wuchsen Zapfen so dick wie Säulen.

„Nun werde wieder, was du warst", rief die Dämmerung und hob den Regentropfen aus ihrem Tuch. „Ich will dir meinen Nachbarn, den Nordwind, rufen. Er allein kann es vielleicht schaffen, eine Schneeflocke durch Frühlingsluft zum Himmel zu blasen."

Den Nordwind kannte die kleine Schneeflocke gut. Fröhlich kraulte sie ihm den grauen Bart und kuschelte sich in seinem Pelz zurecht, bis der alte Boreas vor Behagen sacht zu stürmen begann.

Das klang so fremd in der lauen Luft, daß die Nacht ihre Mondlaterne hervorholte und voll Neugier ihre Sternenaugen noch heller leuchten ließ als sonst. Die kleine Schneeflocke aber war schon unterwegs. Und wenn es morgen schneit, weißt du, daß sie es geschafft hat.

Wir basteln

Wir basteln einen Adventskalender

Material
1 großer Zeichenkarton
Buntfarben nach Wahl
Schere, Klebstoff
Fotokopie einer Weihnachtsgeschichte aus einem Buch oder einer selbsterdachten

Anfertigung
Wir schneiden die Weihnachtsgeschichte in 24 Kapitelchen. Jedes Kapitel erhält eine Nummer von 1 bis 24.

Wir teilen den Zeichenkarton in 48 Felder, so daß jeweils zwei dicht aneinandergrenzen, zu dem nächsten Paar aber ein schmaler Streifen frei bleibt.

Am 1. Dezember kleben wir das Kapitel Nr. 1 in das vorgesehene Feld und lesen es vor. In das freie Feld daneben malen wir ein weihnachtliches Bild.

Heiligabend haben wir eine wunderschöne fertige Bildergeschichte, die man übrigens – wenn man will – einem lieben Menschen zu Weihnachten schenken kann.

Kerzen verzieren

Material
bunte Wachsplatten, die es in guten Bastelläden gibt
Zeichenpapier
1 Federmesser oder scharfes Kartoffelschälmesser
Zahnstocher oder 1 dünne Stricknadel
Brettchen als Unterlage
weiße oder anders einfarbige Kerzenrohlinge

Anfertigung
Zunächst rollen wir eine Kerze auf einem Zeichenkarton einmal um die eigene Achse ab. Dabei zeichnen wir einen Längsstrich, wo wir zu rollen beginnen, und markieren auch die Höhe der Kerze. Nun haben wir ein Blatt in der Größe der Kerze. Darauf malen wir uns ein Bild, das wir später auf die Wachsplatten übertragen. Die ausgeschnittenen Bildteile haften von selbst auf der Kerze.

Merke: Nie feinteilige Muster ausdenken, weil man sie nur schwer aus der Wachsplatte herauslösen kann!

Ein Vogelhaus für alle

Viele Leute sagen, man dürfe Vögel im Winter nicht füttern. Die Natur werde ihr Werk ohne menschliche Einmischung am besten vollbringen.

Andere meinen, der Mensch habe bereits so stark in die Natur eingegriffen, daß Vögel im Winter ohne zusätzliches Füttern verloren seien.

Sicher ist, daß es Spaß macht, Vögel zu füttern und dabei zu beobachten.

Doch wenn man mit dem Füttern der Vögel im Winter erst einmal begonnen hat, muß man damit regelmäßig fortfahren, auch während des Winterurlaubs!

Vögel richten sich nämlich rasch darauf ein, an einer bestimmten Stelle Futter vorzufinden. Und im Winter verhungern beziehungsweise erfrieren die kleinen Gesellen innerhalb kürzester Zeit, wenn der gewohnte Futterplatz leersteht.

Am besten geeignet ist daher vielleicht ein Vogelhäuschen mit Futtersilo.

Material
1 Abwasserrohr aus Kunststoff mit 80 bis 100 Millimeter Durchmesser
1 passender Kunststoffdeckel (gibt es als Rohrzubehör) oder
1 passende Holzscheibe, die mit einem Stein beschwert wird
Holz:

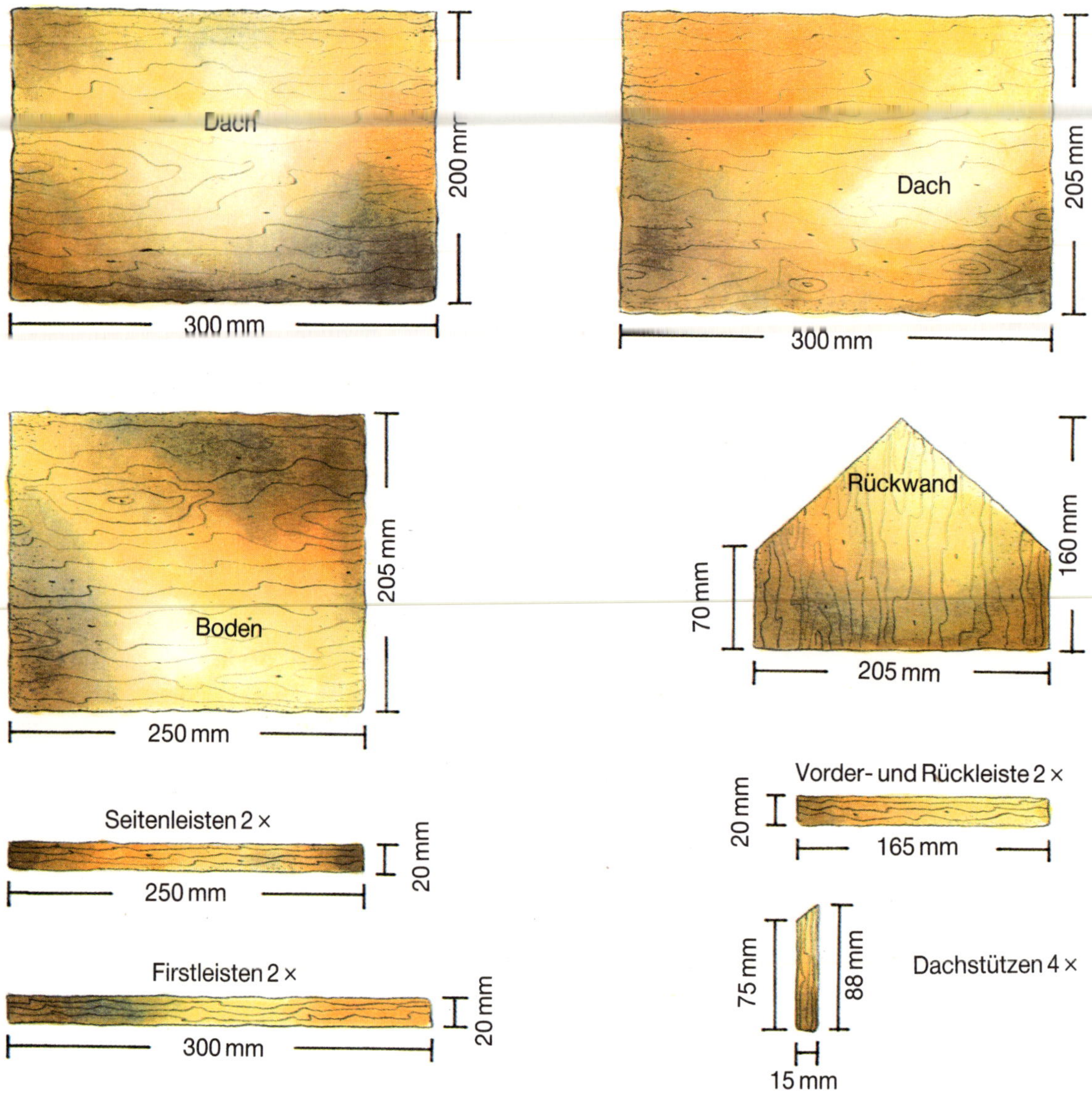

1 Stück Teerpappe in Dachgröße
Holznägel oder Holzschrauben
Holzleim
1 Stück Schilfmatte (gibt es im Samenfachhandel)
1 bis 2 Schraubhaken
1 Blumentopf pro Haken
1 Holzstöckchen pro Blumentopf
1 dicke Holzperle mit Loch pro Blumentopf
1 Stück Schnur pro Blumentopf in der Stärke des Loches in der Holzperle; eventuell ein Stück kunststoffummantelte Wäscheleine verwenden

Anfertigung

Die beiden Dachbretter werden an den Firstseiten jeweils mittig halbrund ausgesägt, so daß das Abflußrohr hineinpaßt (siehe Zeichnung). Die Firstleisten werden erst zugeschnitten, wenn Dach und Silo bereits montiert sind. So ist genauer Maß zu nehmen. Das Abflußrohr wird an einem Ende torförmig eingesägt. Durch diese Öffnung soll später das Futter nachrutschen.

Nun leimen wir – ein zusätzlicher Nagel oder besser eine Schraube bieten mehr Wetterfestigkeit und Halt – die einzelnen Hölzer nach der Schemazeichnung zusammen. Sobald das Häuschen standfest geworden ist, fügen wir das Abflußrohr ein. Um zu garantieren, daß immer genügend Futter nachrutschen kann, bohren wir rechts und links des Daches zwei Schrauben ein, mit deren Hilfe das Rohr fest verklemmt werden kann. Der Abstand des Rohres zur Bodenplatte sollte ca. 10 mm betragen. So können auch dikkere Samenkörner leicht herausfallen. Zum Abschluß die Schraubhaken in der Bodenplatte eindrehen. Hier hängen wir die Futterglocke aus Blumentöpfen auf.

Die Blumentöpfe werden mit je einer dicken Holzperle versehen, durch deren Öffnung wir die Schnur gefädelt und fest verknotet haben. An diesem Ende werden die Futterglocken später aufgehängt. Nun füllen wir die Töpfe mit einer Futtermischung. In die fast erstarrte Masse schieben wir das Holzstäbchen. Es sitzt fest, sobald sie vollständig erkaltet ist.

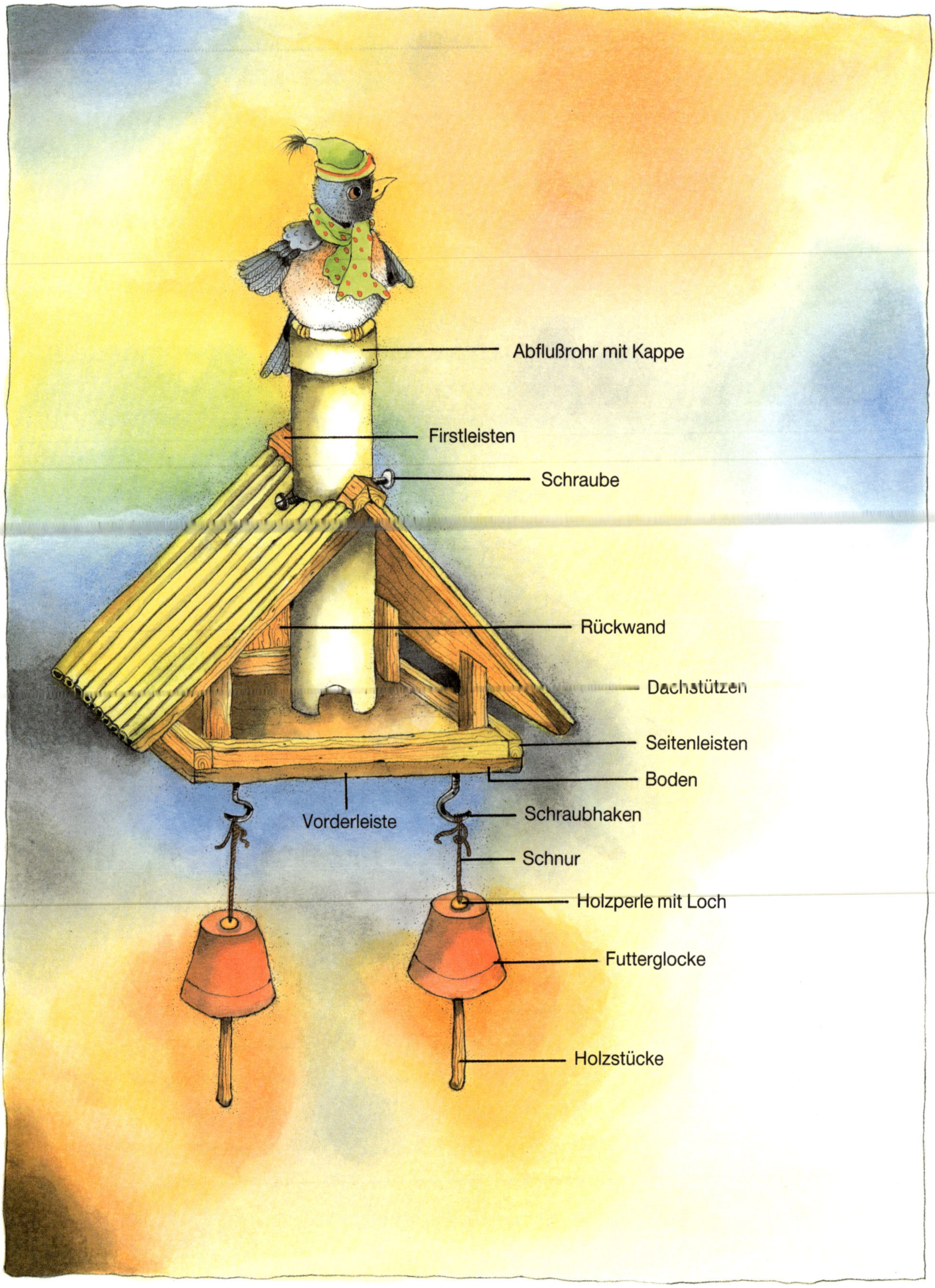
Abflußrohr mit Kappe
Firstleisten
Schraube
Rückwand
Dachstützen
Seitenleisten
Boden
Vorderleiste
Schraubhaken
Schnur
Holzperle mit Loch
Futterglocke
Holzstücke

Das Futtergemisch

Material
Rindertalg oder
salzfreies Schweineschmalz
Haferflocken
Sonnenblumenkerne
Mohn
Nüsse
Rosinen oder Hagebutten
zerdrücktes Korn und andere Samen

Herstellung
Man schmilzt das Fett in einem Topf und mischt dann zu gleichen Teilen Haferflocken und Sonnenblumenkerne unter. Die übrigen Zutaten können in beliebiger Menge eingerührt werden.

Die fertige, etwas abgekühlte Mischung füllen wir in die mit ihrer Perlenaufhängung versehenen Blumentöpfe. Um das Austreten der Mischung zu verhindern, die Perle fest anziehen und das Loch im Topf verstopfen. Sobald die Futtermischung erkaltet ist, kann man die fertigen Futterglocken an Ort und Stelle aufhängen. Alle überwinternden Vögel, sowohl Körner- als auch Weichfutterfresser, werden dankbare Gäste sein.

Der Wunderknäuel

Material
Wolle in beliebiger Menge
Süßigkeiten wie Bonbons, Marzipan, Schokolade, Nougat, eventuell eine Spindel zum Abspulen der Wolle von einem losen Strang. Es genügt aber auch eine Stuhllehne oder die Hilfe eines Freundes oder einer Freundin, die den Strang über ihre Arme streift. Recht viel Geduld.

Anfertigung
Wir umwickeln drei Bonbons mit Wolle, bis sie einen kleinen Ball bilden.

Nun wickeln wir unsere Wolle immer weiter um diesen Ball und packen nach und nach die geplanten Süßigkeiten darin ein.

Beim Abstricken der Wolle tauchen die süßen Überraschungen dann wieder auf.

Das Mäusespiel

Material
6 oder mehr sauber ausgelöste Walnuß-hälften
Plakafarben
Wollkordel
braune Filzreste
Klebstoff
Klarlack und Verdünner
Pinsel
6 oder mehr kleine Glasmurmeln

Anfertigung
Wir basteln aus jeder Walnußhälfte eine Maus. Dazu schneiden wir aus Filz kleine Ecken als Ohren und kleben sie an den Kopf der Maus. Augen und Nase mit Barthaaren werden mit Plaka aufgemalt. Zuletzt den Schwanz aus einem Stückchen Wollkordel ankleben. Sobald der Klebstoff trocken ist, kann man die fertige Maus mit Klarlack überpinseln.

Spielanleitung
Wir stellen die Mäuse in einer Reihe auf je eine Glasmurmel. Das Ziel wird durch einen Kreidestrich auf der Rennwiese (Tisch, Fußboden, großes Brett) markiert.

Jeder Mitspieler pustet seine Maus an, bis sie ins Ziel läuft. Die Maus, die von der Rennwiese purzelt, muß wieder an der alten Stelle weiterlaufen.

Gewonnen hat, wer am schnellsten im Ziel ist.

Gästeseifen aus eigener Werkstatt

Material
Seifenreste
ein Kochtopf
etwas Wasser
Backpapier
ein Küchensieb
ein Backblech oder andere Unterlage mit Rand
Plätzchenausstecher
ein dünnes Küchenhandtuch
ein Kuchengitter
eventuell ein paar Tropfen Parfümöl nach Wahl

Anfertigung
Alle Seifenreste werden in einem Topf mit wenig Wasser erwärmt, bis sie zu einer dicken, schweren Teigmasse aufquellen.

Nun ein Sieb mit einem Küchenhandtuch auslegen und das Seifenwasser abgießen. Die Seifenmasse auf ein mit Backpapier ausgelegtes Backblech ausstreichen. Etwas erkalten lassen. Vor dem endgültigen Erstarren mit den in warmem Wasser vorgewärmten Plätzchenausstechern kleine Gästeseifen ausstechen. Die Stücke vorsichtig vom Backpapier lösen und auf einem Kuchengitter vollends erkalten lassen. Merke: Die Seifen frühestens am zweiten Tag benutzen!

Wer die Gästeseife parfümieren möchte, kann der erwärmten Masse einige Tropfen Parfümöl untermischen, das es in jeder Apotheke zu kaufen gibt.

Deckelbild mit Weihnachtskrippe

Material
ein (oder mehr) Metalldeckel etwa von Keksdosen mit aufgewölbtem Rand
Fliesenkleber (gibt es im Baumarkt)
Tafelkreide (weiß, blau)
ein Korken
getrocknete Blätter und Schleierkraut
Plakafarbe und Sprühlack
ein Holzhäuschen
eine kleine Figurengruppe mit Maria, dem Kind, Josef und Ochs und Esel oder Schäfchen aus Holz (Bastelbedarf)
Sternpailletten
etwas Goldfolie
Zahnstocher
winzige Steine, Rindenstücke, Moos (eventuell Eisenbahnmodellbau)

Anfertigung
Man streicht den Metalldeckel dick mit Fliesenkleber ein. Am günstigsten arbeitet man vom Hintergrund zum Vordergrund. Um den Hintergrund (Himmel) einzufärben, reibt man die blaue und weiße Tafelkreide über einem Teesieb staubfein auf den Fliesenkleber. Vereinzelt legt man mit Hilfe eines Zahnstochers Sternpailletten in die Himmelsfarbe. Der Mond entsteht aus einer dünnen Korkenscheibe, die zuvor silbern angemalt wurde.

Der Stern von Bethlehem erhält einen Schweif aus Goldfolie. Nun schieben wir das kleine Holzhäuschen schräg in den Fliesenkleber, so daß es sich gut vor dem Hintergrund abhebt. Das Dach bekleben wir mit winzigen Steinen, Moos und Rindenstückchen. Seitlich des Häuschens drücken wir Ochs und Esel in die noch weiche Fliesenklebermasse und ordnen aus Trockenpflanzen und Blättern einen Wald- und Wiesenhintergrund um Tiere und Haus an.

Vor der Hütte, doch etwas unter das schräg vornübergeneigte Dach geschoben, gruppieren wir Maria mit dem Kind und Josef, der von einer Seite hinzukommt.

Zum Abschluß gestalten wir den Vordergrund mit kleinen Steinchen, Moos und getrocknetem Schleierkraut. Dick darübergestäubte weiße Kreide soll Schneefall andeuten.

Merke: Das fertige Gruppenbild muß mehrere Stunden ungestört durchtrocknen!

Wer möchte, kann anschließend die Figuren bunt anmalen und nach dem Trocknen dünn mit Sprühlack überziehen.

Das fertige Krippenbild am hohlen Rand des Deckels aufhängen.

Spitzenfotos

Material
ein Stück Wäschespitze mit Blütenmotiv
Stoffmalfarbe/n und Pinsel
eine scharfe, spitze Schere
Klebstoff (am besten Stoffkleber)
einen Bilderrahmen mit passender Rückwand oder eine Korkfliese (Baumarkt)
ein Foto

Anfertigung
Zunächst trennt man alle Blüten der Wäschespitze ab. Wer möchte, kann die Blüten anschließend mit Stoffmalfarbe anmalen.

Nun legt man das Foto an den gewünschten Platz der Rahmenrückseite oder der Korkplatte. Hübscher wird die Komposition, wenn man die Person/en ausschneidet.

Zuletzt ordnet man die Blüten zu einer Blumenwiese um das Foto, bis man eine gefällige Zusammenstellung gefunden hat. Jetzt erst wird alles sorgfältig aufgeklebt.

Das fertige Spitzenbild eventuell mit etwas Haarspray besprühen. Das schützt die Spitzen vor Staub und Fingerabdrükken.

Stücke vom Webrahmen

Material
entweder ein Schulwebrahmen, den man kaufen kann, oder eine Papprückseite vom Zeichenblock, Kalender oder eine feste Sorte Zeichenkarton
Lineal
Stift
Papierschere oder Federmesser
Webnadel oder -schiffchen
Wolle und Baumwollgarn
(für Topflappen)
1 schöner Knopf
1 breitzinkiger Kamm

Anfertigung
Einen Webrahmen kann man leicht selbst herstellen. Man mißt die Breite des Pappkartons ab und unterteilt ihn an beiden einander gegenüberliegenden Seiten in gleichmäßige Kerben. Ihr Abstand sollte 1 bis 1,5 Zentimeter betragen.

Nun knotet man um eine der Randzakken am unteren Rand eine Schlaufe aus Topflappenbaumwolle, zieht den Faden quer zur gegenüberliegenden Zacke hoch und beginnt, den Faden von Kerbe zu Kerbe über den Pappkarton zu spannen. Die letzte Kerbe wird mit dem querverlaufenden Faden verknotet.

Nach Belieben ein Webschiffchen oder eine Webnadel mit Faden versehen und zu weben beginnen. Hierzu wird der Faden abwechselnd unter beziehungsweise über dem Spannfaden hindurchgeführt.

Merke: An den Rändern nie stramm arbeiten, da sich das Webstück sonst verjüngt. Am besten nach jeder Reihe kurz querziehen.

Zum Abschluß den Spannfaden auf der Rückseite in Zweiergruppen aufschneiden und nahe dem fertigen Webstück miteinander verknoten. Das Webstück erinnert nun an einen kleinen Teppich. Daraus läßt sich eine hübsche Tasche (Brillenetui, Taschentuchbörse) herstellen.

Man näht das untere Drittel des Webstückes nach oben, so daß es das zweite Drittel verdeckt. Das obere Drittel wird dadurch zur Abdeckklappe. Man verknotet zwei Paar Knotenenden miteinander zu einer Öse. Nun näht man den schönen Knopf auf die Außenseite der schmalen Tasche, so daß die Öse ihn umschließen kann. Fertig ist das Täschchen!

Kartoffeldruck

Material
1 Briefblock in beliebiger Größe und Farbe ohne Linien oder Briefkarten
eventuell Kuverts
einige große, feste Kartoffeln
kleine Ausstechformen (Plätzchen)
1 scharfes Messerchen mit Spitze
Farbe/n: Plaka- oder Linoldruck- oder Wasserfarben
Pinsel

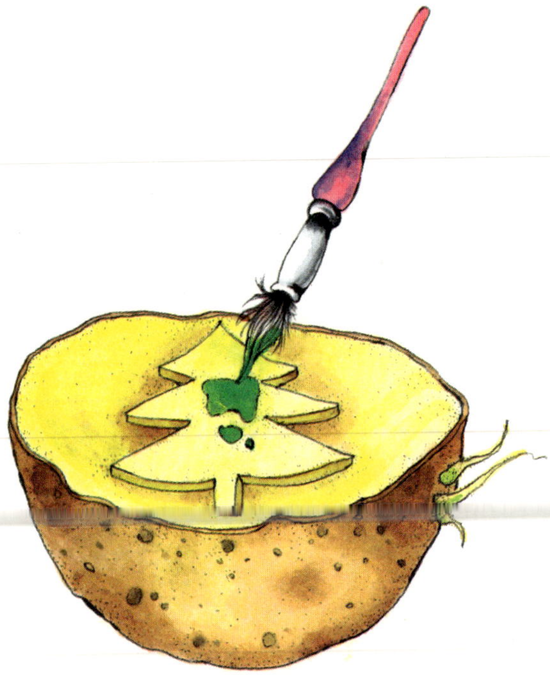

Anfertigung
Für jeden Stempel benötigt man eine halbierte Kartoffel. Um den Stempel anzufertigen, drückt man eine Plätzchenausstechform etwa 0,5 Zentimeter tief in die Schnittfläche der Kartoffel. Nun den ringsum überstehenden Rand säuberlich bis zur Form abschneiden. Wer mag, kann die dann erhaben herausstehende Stempelfläche noch mit einem feinen Innenmotiv versehen. So könnte z. B. ein Tannenbaum Kerzen aufgesetzt bekommen.

Merke: Nur erhabene Flächen drucken ab, eingekerbte bleiben weiß.

Den fertigen Stempel mit Farbe/n einpinseln. Sehr sorgfältig auf dem Papier aufsetzen und leicht andrücken. Der eingefärbte Stempel druckt zwei- bis dreimal hintereinander. Dann erneut einfärben.

Möchte man erst am folgenden Tag weiterarbeiten, hält sich der Stempel mit der Schnittfläche nach unten in ein wenig Wasser frisch.

Kartoffeldrucke auf Stoff

Material
Stoffarben
Leinen- oder Seidenstoff nach Wahl
Sticknadel und -faden oder Nähmaschine zum Versäubern der Naht- oder Randflächen

Anfertigung
Zuschneiden des Stempels wie zuvor. Nur das Einfärben wird jetzt mit Stoffmalfarbe vorgenommen. Nach dem letzten Stempeln die Farbe von der Rückseite des Stoffes sehr heiß anbügeln. Anschließend die Ränder versäubern.

Weihnachtskugeln . . .

. . . farbig

Material
Glaskugeln
(man kann mundgeblasene, durchsichtige Kugeln verwenden oder einfarbige Industriekugeln)
Glasmalfarben
(wirken am schönsten auf durchsichtigen Kugeln, weil sie kratzfest und transparent sind)
oder Plakafarben und Klarlack für eingefärbte Kugeln (Wenn das gemalte Motiv trocken ist, dünn mit Klarlack überziehen.)
oder Autoreparaturlack mit Pinselchen in der Flasche, den es im Kfz-Handel oder bei jeder Reparaturwerkstatt gibt
feine Pinsel mit Borstenkopf oder abgeschrägtem Haarkopf für Bauernmalerei
Goldfaden

. . . mit Pailletten

Material
Glaskugeln
Pailletten
(Gibt es im Bastelbedarf. Unterschiedlichste Formen und Farben werden angeboten. Wir haben uns für goldene Sternchen entschieden.)
Klebstoff

Anfertigung
Man reinigt die Kugel mit Spiritus oder einem Glasputzmittel. Nach dem Trocknen setzt man sie in einen passenden Eier- oder Joghurtbecher oder in ein geeignetes Glas. Nun malt man mit dem Pinsel das gewünschte Motiv direkt auf die Kugel und läßt es gut trocknen.

Am stimmungsvollsten sind Tannenbäume mit weißen Schneehauben, Schneemänner oder verschneite Häuser.

Hat man Plakafarben verwendet, sollte man das fertige, trockene Motiv dünn mit Klarlack (oder durchsichtigem Nagellack) überziehen.

Zuletzt ein Goldbandende zur Schlaufe knoten und die Kugel daran aufhängen.

Für die Paillettenkugel auf die gereinigte Oberfläche winzige Pünktchen Klebstoff aufbringen. Die Pailletten mit dem angefeuchteten Finger aufnehmen und auf den Klebstoff drücken. Kurz antrocknen lassen.

Noch 23 Tage bis Weihnachten

Der Vater des Adventskalenders

Schon Wochen vor dem eigentlichen Zeitpunkt gibt es sie in jedem Geschäft zu kaufen, die Adventskalender. Hinter den vorgestanzten Türchen warten kleine Schokoladenüberraschungen auf neugierige Schleckermäulchen. Ja, inzwischen findet man sogar Spielzeug darin. Andere Adventskalender bestehen aus hölzernen Setzkästchen oder einer langen Päckchenkette. Immer aber sind es 24 Türchen, Fächer, Tütchen, Päckchen; eines für jeden Tag im Dezember bis zum Heiligen Abend.

Erfunden wurde dieser schöne Brauch von einer Mutter. Sie war es leid, jeden Tag aufs neue zu hören: „Wie oft muß ich noch schlafen, bis das Christkind kommt?"

Eines Tages nahm sie einen großen Bogen Karton, zeichnete 24 Felder darauf und spießte in jedem ein Bonbon mit einer Nadel fest. Nun durfte ihr kleiner Sohn täglich eine Süßigkeit abzupfen und dabei selbst die Tage abzählen.

Aus dem kleinen Jungen wurde ein Mann. Die Fragen der Kinder vor Weihnachten blieben dieselben.

Da erinnerte sich der Mann an den Kalender seiner Mutter. Er dachte, daran müßten auch andere Kinder ihre Freude haben, und beschloß, von nun an selbst Adventskalender herzustellen und sie zu verkaufen.

Bald schon wurde ein ganzer Industriezweig aus der Adventskalenderproduktion. Und heute kann man sich die Vorweihnachtszeit ohne Adventskalender nicht mehr vorstellen.

Gerhard Lang, der „Vater" des Adventskalenders, lebte übrigens bis 1974 in München, wo er hochbetagt verstorben ist.

Der Pappkarton

Es war Ende November. „Morgen“, sagte die Lehrerin, „darf jeder seinen Adventskalender in die Schule mitbringen. Wir hängen sie an unsere Merkwand und feiern jeden Tag in der ersten Stunde ein wenig Advent.“

Über diese Idee freuten sich alle und brachten am nächsten Tag ihre Kalender mit. Die meisten hatten einen gekauften mit Schokoladenfigürchen hinter den Türen. Margit besaß einen aus gefüllten Tüten mit Goldbuchstaben, den hatte die Oma gebastelt. Und Elisa war mächtig stolz auf ihr Stickbild mit den Goldringen, an denen 24 Nikolausstiefel hingen. Lothar aber hatte nur einen leeren Schuhkarton bei sich.

„Was willst du denn damit?“ fragte die Lehrerin erstaunt. „Hast du denn keinen richtigen Adventskalender?“

„Doch, da drin“, sagte Lothar und tat, als hörte er die anderen nicht kichern.

Der Dezember kam. „Heute öffnen wir unser erstes Türchen“, gab die Lehrerin morgens bekannt.

Die anderen stürmten zur Merkwand, wo ihre Kalender hingen. Lothar aber nahm sein Federmesser heraus und ritzte ein Türchen in die Rückseite des Schuhkartons. Als er es öffnete, sahen alle, daß dahinter ein blaues Seidenpapier klebte. Licht fiel hindurch. Es sah aus wie ein Stück Himmel.

„Heute klebe ich einen Stern hinein“, sagte Lothar und schnitt ein Lochmusterdeckchen aus einem Schnipsel Löschpapier.

Die anderen sahen ihm eine Weile zu. „Willst du einen Selbstklebestern?“ fragte Anna plötzlich und legte ihren Schokoladenfliegenpilz beiseite.

„Danke“, antwortete Lothar und betrachtete den kleinen Stern aus Löschpapier vor dem blauen Himmelsstück. „Morgen vielleicht.“

Am nächsten Schultag brachte Sebastian einen Schuhkarton mit. Ein Türchen hatte er schon hineingeschnitten und ein paar Strohhalme in die Öffnung geklebt. „Für die Tiere im Stall“, sagte er und hing den Karton neben Lothars.

Es dauerte gar nicht lange, da waren die gekauften Adventskalender verschwunden. Statt dessen hingen größere, mittlere, alle Arten Schuhkartons daran, aus denen täglich hübschere Adventskalender wurden.

„Zum Schluß“, sagte Lothar und klebte eine Mutter Gottes in das 22. Türchen, „stellen wir ein Teelicht hinein und machen Laternen daraus. Die sollen dem Christkind in der Krippe leuchten.“

Advent bei den Mäusen

Am ersten Adventssonntag ging ich einmal bei Einbruch der Dunkelheit am Deich spazieren. Plötzlich vernahm ich ein Pfeifen zu meinen Füßen und sah neugierig nach unten. Da saß eine kleine Maus, die mir freundlich die Pfote entgegenstreckte. „Du bist heute der 100. Besucher auf dem Deich", sagte sie. „Darum laden wir dich zu unserer Adventsfeier ein."

Die Maus führte mich in ihr Mauseloch und durch viele unterirdische Gänge, bis wir endlich in eine schöne große Halle kamen. Darin saßen viele Mäuse um einen Adventskranz, der hatte Kerzen, die wie Möhren aussahen. Und das erste Licht wurde gerade eben angezündet.

Die Maus und ich grüßten höflich und stimmten in die Adventslieder ein. Die meisten kannte ich leider nicht, denn sie handelten von Maus und Katze, von Mausefallen und schlauen kleinen Spitznasen.

Aber schließlich baten mich meine Gastgeber, ihnen doch ein Menschenlied vorzutragen, denn sie hätten noch nie eines aus der Nähe vernommen. Ich zierte mich nicht lange, sondern stimmte „Stille Nacht, heilige Nacht“ an. Da klatschten die Mäuse Beifall und waren sehr gerührt.

Anschließend luden sie mich zum Essen ein. Es gab leicht verfaulte Äpfel, ein paar dicke Möhren mit Stockflecken und natürlich Korn in dicken Ähren. Nur aus Höflichkeit überwand ich mich, einen Bissen zu kosten. Wie staunte ich aber, als alles nach Marzipan und Schokolade schmeckte!

Allmählich wurde es dunkel, und ich mußte nach Hause gehen.

Meine Freundin Maus geleitete mich auf den Deich zurück und sagte artig: „Auf Wiedersehen!“

Ach ja, ich soll übrigens ausrichten, wenn du auch einmal Lust hast, bei den Mäusen zu feiern, brauchst du nur bei Einbruch der Dunkelheit auf dem Deich spazierenzugehen. Aber am ersten Advent muß es sein.

Gebet

Ein reines Herz, Herr, schaff in mir.
Schließ zu der Sünde Tor und Tür.
Vertreibe sie und laß nicht zu,
daß sie in meinem Herzen ruh'.

Dir öffne ich, Jesu, meine Tür.
Ach komm und wohne du bei mir.
Treib all Unreinheit hinaus
aus deinem Tempel, deinem Haus.

unbekannter Verfasser

Ri-Ra-Rätselraten

Kennst du …

… ein Werk, das Funken sprüht und bei dem es heiß hergeht? *Feuerwerk*

… einen Bart ohne Haar, der nicht abrasiert werden kann, aber manchmal abbricht? *Schlüsselbart*

… eine Bremse, die nicht bremsen, sondern stechen kann? *Pferdebremse*

… einen Sprecher, der weit reicht, aber nah sein muß und nicht sprechen kann? *Fernsprecher*

Weißt du …

… wer vor dem Löwen durch die Wüste geht? *Sein Atem.*

… wie man das Ausfallen eines Milchzahnes verhindert? *Indem man ihn herausreißt.*

… wie viele Erbsen in ein Litergefäß gehen? *Keine; man muß sie hineinfüllen.*

… wer sechs Beine hat und doch nur auf vieren geht? *Ein Reiter zu Pferd.*

… wer in die Waschmaschine kriecht und seinen Wanst draußen läßt? *Bettbezug*

… wo das Huhn am wärmsten liegt? *Im Backofen.*

… vor wem der Kaiser den Hut zieht? *Frisör*

Gibt es etwa …

… Flügel, mit denen man nicht fliegen kann, obwohl jeder Mensch sie immer bei sich hat?

Nasenflügel

… Läppchen, mit denen man nichts abtrocknen kann, obwohl jeder Mensch sie immer bei sich hat?

Ohrläppchen

… Nägel, für die kein Hammer gemacht ist?

Fingernägel

… Scheiben, die nicht aus Glas und nicht für Zielübungen gemacht sind?

Kniescheiben

… Kuppen, die man nicht besteigen, auf die man aber treten kann?

Fingerkuppen

… Lider, die man nicht singen oder spielen kann?

Augenlider

… Muscheln, die nicht aus dem Meer stammen?

Ohrmuscheln

… einen Kopf, den man nicht auf den Schultern, sondern im Hals trägt?

Kehlkopf

Warum …

… ist der Mond so bleich?

Weil er die Nächte durchmacht.

… ist das Rätselraten so gefährlich?

Weil man sich dabei den Kopf zerbricht.

… fährt jeder Zug nur bis zur Mitte in einen Tunnel hinein?

Weil er dahinter schon wieder herausfährt.

… ist der Schornsteinfeger schwarz?

Weil es keinen weißen Ruß gibt.

… gehen 20 Bohnen nicht in eine Milchflasche?

Weil sie keine Füße haben.

… setzen Frauen zum Nähen nur Hüte ohne Krempe auf?

Weil es keinen Fingerhut mit Krempe gibt.

… schließt der Hahn die Augen, wenn er kräht?

Weil er seinen Text nicht mehr ablesen muß.

Maria durch ein' Dornwald ging

Maria durch ein' Dornwald ging;
Kyrie eleison.
Maria durch ein' Dornwald ging,
der hat in sieben Jahrn
kein Laub getragn.
Jesus und Maria.

Was trug Maria unterm Herzen?
Kyrie eleison.
Ein kleines Kindlein ohne Schmerzen,
das trug Maria unterm Herzen.
Jesus und Maria.

Da haben die Dornen Rosen getragn;
Kyrie eleison.
Als das Kindlein durch den Wald getragen,
da haben die Dornen Rosen getragn.
Jesus und Maria.

aus der Sammlung „Geistliche Volkslieder", 1850

Advent

Als man noch an Hexen und Zauberer, böse Geister und die alten Götter glaubte, erfand man den Ringzauber. Man flocht Kränze aus Stroh, Weidenruten oder grünem Tannenreisig und schmückte sie mit roten und goldenen Bändern. Grün war die Farbe des Ackersegens, rot die des Lebens, gelb und gold die Farbe des Lichts. Der Kranz oder Kreis aber war das Zeichen der Ewigkeit und zugleich ein Bann, der nicht gebrochen werden konnte.

Mit einem solchen „heiligen" Kranz verschloß man seine Haustür jedem bösen Geist.

Irgendwann geriet der alte heidnische Zauber in Vergessenheit. Erst im Jahre 1838 griff ihn ein Christ wieder auf. Es war der Protestant Johann Hinrich Wichern, der in Hamburg das erste Kinderheim errichtete, das sogenannte „Rauhe Haus". Dort ließ er in einem Raum einen riesigen Kronleuchter aus Holz anbringen. Für jede Messe, die Wichern in der Adventszeit täglich vor den Kindern las, steckte er eine Kerze auf den Kranz.

Diese schöne Erfindung fand rasch in anderen Kinderheimen Nachahmer. Der Kranz wurde mit den Jahren immer festlicher geschmückt.

Doch erst im Jahr 1860 kam man in Berlin-Tegel auf die Idee, den Holzreifen durch einen geflochtenen Tannenkranz zu ersetzen und statt der 24 Kerzen nur noch vier für die Adventssonntage anzustecken.

Endlich war der Kranz klein genug, um auch in Einfamilienhäuser und Wohnungen zu passen!

Nach dem 1. Weltkrieg brannten in den protestantischen Gegenden Deutschlands fast in jeder Familie die Adventskerzen. Zögernd griffen auch die katholischen Christen den neuen Brauch auf. Doch erst seit den 50er Jahren des Jahrhunderts gehört der Adventskranz wirklich überall dazu.

Vor einigen Jahren entsann sich ein geschäftstüchtiger Gärtner dann des alten Ringzaubers für Haustüren und Fenster. Mit großem Erfolg brachte er seine Türkränze unter die Leute und fand viele Nachahmer. Zwar haben die meisten Menschen vergessen, warum sie rote und goldene Schleifen an ihre Kränze stecken oder warum es ein Kreis sein muß, der ihre Tür schmückt, die Lieblingsfarben und die Lieblingsform sind es dennoch geblieben.

Das Mädchen Kirschblüte

Das neue Haus, in dem Bettine seit ein paar Wochen mit ihren Eltern wohnt, liegt am Rande einer kleinen Stadt. „Himmlisch!" seufzen die Freunde, wenn sie am Wochenende mal zum Kaffee vorbeikommen. „Diese Ruhe! Diese Luft!"

Das stimmt auch. Kein Mopedgeknatter mehr im Hof, keine Radiomusik, bei der die Scheiben zittern, kein Gejohle im Treppenhaus und kein Hausmeister, der mit der Polizei droht, wenn man auf dem Rasen spielt. Es ist immer noch dasselbe Märchenschloßgefühl für Bettine, wenn sie ihr eigenes Zimmer betritt. Aber manchmal, wenn sie an ihrem neuen Schreibtisch sitzt und Briefe an Mascha oder Evi schreibt, die immer noch in der alten Mietskaserne wohnen, muß sie aufpassen, daß keine Tränen auf das Papier tropfen.

Morgens, wenn Bettine zur Schule geht, hängt der Tag mit grauen Wolkensäumen in den Baumkronen. Die Straßenlampen senden dünne Leuchtsignale aus, als funkten sie SOS. Es ist feucht und kalt. Nicht einmal Flocki, Bettines Hund, mag hinaus. Nur der kleine Buchladen an der ersten Straßengabelung zur Innenstadt wirkt immer wie eine Sonneninsel in der Antarktis. Freundlich ergießt sich das Neonlicht aus dem Schaufenster über den ganzen Bürgersteig, daß die Pfützen wie Edelsteine blinken. Drinnen aber ist eine Puppenstube aufgebaut, wie sie paradiesischer nicht sein kann. Teddy Bär mit Frau und Kindern wohnt im Oberstock. Die Augen gehen Bettine über, wenn sie sieht, wie der kleinste Teddy als Zappelphilipp am Tisch schaukelt, wie sein Schwesterchen die Flöte bläst und seine Mutter das Baby wiegt. Am schönsten aber ist es doch unten, wo Großmutter Igel, die Brille auf der Nase, inmitten ihrer Enkelschar sitzt und Märchen vorliest. Das Buch ist ihr dabei in den Schoß gesunken. Bettine kann die Bilder auf den aufgeschlagenen Doppelseiten sehen. Herrliche Bilder sind das, zart und duftig, mit lockerem Pinselstrich wie lebendig hingezaubert. Und sie kann sogar lesen, was dazu geschrieben steht: „Das Mädchen Kirschblüte" lautet der Titel über dem größten Bild; darunter, etwas kleiner: „Ein japanisches Märchen". Noch viele Zeilen reihen sich aneinander, aber sosehr Bettine sich auch anstrengt, sie sind nicht zu erkennen. Jeden Tag steht sie vor Eders Buchladen. Sie kann nicht vorbei- und erst recht nicht hineingehen. Die Eltern haben ihr neulich gesagt, daß sie für die nächste Zeit kein Taschengeld bekommen kann.

„Natürlich", sagte Bettine damals. „Das verstehe ich schon." Sie ist auch jetzt nicht traurig oder böse deswegen. Insgeheim hat sie sich längst vorgenommen, die Mutter zu bitten, ihr dieses Buch zu Weihnachten zu schenken.

„Ich wünsche mir nur dieses Buch", will sie sagen. Das hat sie sich schon genau zu-

rechtgelegt. Und natürlich will sie auch versprechen, besonders lieb zu sein und nicht mehr zu weinen, wenn sie sich wieder alleine fühlt. Weihnachten, denkt sie immer, während sie mit brennenden Augen das lächelnde Mädchen auf dem Buch anschaut. Das ist wie ein Versprechen. Zuletzt kommt es ihr vor, als lächelte das Mädchen mit den vogelfederzarten Haaren ihr auf eine ganz eigene, verschwörerische Art zu. „Na ja", flüstert Bettine, die Nase dicht am kalten Glas, so daß ihr Atem sich weiß daran niederschlägt, „du bist da drinnen gerade so alleine wie ich hier draußen. Da könnten wir eigentlich Freundinnen sein, oder?"

Eines Tages, Bettine ist das letzte Wegstück gerannt, daß das Schmutzwasser hoch um ihre Beine spritzte, hängt ein weißes Tuch in Eders Schaufenster. „Wir dekorieren um!" steht auf einer Karte, die an einem Saughaken baumelt.

Mit beiden Händen trommelt Bettine gegen die Scheibe. Ihr Gesicht ist so weiß und verzweifelt, daß der alte Herr Eder zwar noch mit zornig gesträubtem Schnauzbart unter dem Leintuch hervortaucht, aber nicht mehr schimpfen kann. „Was gibt es denn, kleines Fräulein?" fragt er und reibt einen Fuß an dem anderen, weil er auf Socken an die Tür getappt ist.

„Wo, wo ist denn das Mädchen?" stottert Bettine und zeigt ins Fenster.

„Mädchen?" wiederholt Herr Eder, der erstaunt den Kneifer auf die Nasenspitze zieht und das Kind über den Rand hinweg anschaut.

„Das Buch", nickt sie eifrig. „Das bei der Igeloma, wissen Sie."

„Ach so", schnappt Herr Eder. „Ja, das! Ein besonders schönes Exemplar. Ich habe es nicht mehr."

„Verkauft?" Langsam treten Tränen in Bettines Augen.

„Wenn du willst, kann ich dir noch eines bestellen", meint Herr Eder gutmütig. „Du brauchst mir nur deinen Namen und deine Adresse hierzulassen. Ich lege es dann für dich zurück."

„Nein, danke", antwortet Bettine. Ihre Stimme ist dünn und hoch, weil im Hals ein Knoten sitzt, der drückt und schmerzt. „Wer hat es denn gekauft?"

„Eine gute Kundin", erwidert Herr Eder kurz, denn er will jetzt ins Haus. Die Füße sind ihm kalt.

An diesem Tag geht Bettine nicht zur Schule. Sie umkreist den Straßenkomplex von Eders Buchladen, bleibt hier in einer Toreinfahrt stehen, drückt sich dort hinter einen Mauervorsprung. Sie weiß selbst nicht, was sie will. Ihr ist zumute, als hätte sie sich verirrt und könnte nie mehr heimfinden, wenn sie dieses bucklige Häuschen mit seinen kaputten Fenster- und Türläden und der ausgetretenen Treppe aus den Augen ließe.

Als es Mittag läutet, tritt Herr Eder aus der Ladentür. Mit wenigen Schritten ist er bei Bettine, die in einer Mischung aus Furcht und Trotz zu ihm aufschaut.

„Stundenlang schleichst du jetzt hier herum!" schnauzt er sie an. „Was soll ich davon halten? Mußt du denn nicht in die Schule heute? Am liebsten würde ich deine Eltern anrufen. Wie heißt du denn überhaupt?"

„Bettine", sagt sie tonlos und fährt mit der Faust über die Augen, aus denen es schon wieder tröpfeln will.

„Ist es immer noch das Buch?" forscht Herr Eder plötzlich sanft und legt ihr den Arm um die Schultern.

Bettine nickt. Kein Wort kann sie herausbringen.

„Komm jetzt erst einmal mit", brummt der alte Herr und räuspert sich. „Bist ja ganz verfroren."

Bettine stolpert widerstandslos mit. Sie spürt auf einmal selbst, wie kalt ihr ist. Gleich hinter dem Ladenraum geht es in eine mollig warme Küche. Es duftet nach frisch aufgebrühtem Tee. Bettine blinzelt ein bißchen.

„Setz dich", sagt Herr Eder und drückt sie auch schon auf die Eckbank nieder. „Deinen Ranzen kannst du mir auch erst mal geben. Geli!" ruft er dann laut. „Komm mal runter. Ich hab' dir Besuch mitgebracht."

Es poltert auf einer Treppe irgendwo im Haus. Wie von einem Windstoß fliegt die Stubentür auf. „Ja?" lacht das Mädchen atemlos, das hereinwirbelt. „Wo?"

Bettine starrt sie mit großen Augen an. Was sie sieht, ist ihr so vertraut und zugleich ganz fremd. Sie kann es nicht begreifen.

„Du?" bringt sie mühsam heraus und schüttelt gleichzeitig den Kopf über sich selbst, denn dieses Mädchen trägt Jeans, keinen Kimono und keine Spur von Silbernadeln im schwarzen Haar. Und so ganz weit drinnen in sich selbst weiß sie ja auch, daß Mädchen nicht aus Büchern steigen und Märchen nicht lebendig werden.

„Das ist Geli", schmunzelt Herr Eder, der wohl erraten hat, was in Bettine vorgeht. Er klappert lauter mit seinen Töpfen am Herd, weil ihm warm ums Herz wird. „Meine kleine Adoptivtochter aus Japan und zugleich auch meine beste Kundin. Ihr habe ich das Buch geschenkt, das du suchst. Sie zeigt es dir bestimmt, wenn du gerne möchtest."

Lange sind Bettine und Geli nun schon Freundinnen. Aber immer noch nennt Bettine sie in Gedanken „Kirschblüte".

Vom Hamster und dem Freundschaftsbaum

Der Hamster hatte den ganzen Herbst gearbeitet. Endlich waren seine Vorratskammern voll. Da ließ er sich auf sein Schlafkissen fallen und war froh.

Schon am dritten Tag aber wurde ihm das faule Herumliegen zu langweilig. „Was mach' ich?" dachte er laut vor sich hin. „Hamstern kann ich nicht, denn es schneit. Futtern will ich nicht, denn allzuviel ist ungesund. Schlafen mag ich nicht, denn ich bin nicht müde."

Doch sosehr er auch grübelte, nichts fiel ihm ein. Bis eines Tages, am 1. Dezember, plötzlich eine kleine, nasse Kugel in seine Wohnkammer rollte und direkt vor seinen Füßen liegenblieb. Der Hamster wendete sie vorsichtig um, da sah er, daß sie an der Unterseite vier winzige Füße und eine spitze Nase versteckte.

„Hab keine Angst", sagte er und streichelte das zitternde Ding. „Ich tu' dir nichts."

Ganz vorsichtig öffnete sich erst ein dunkles Auge, dann das zweite und schaute ihn lange an. Die Barthaare an der Nase begannen zu zittern, und langsam rollte sich die Kugel auf und war eine Maus.

„Der Fuchs ist hinter mir her", rief sie und kroch hinter den Schaukelstuhl, den der Biber aus einem Baumstamm herausgenagt hatte. „Er wollte mich fressen. In letzter Sekunde fiel ich in ein Loch!"

„Jetzt bist du in Sicherheit", sagte der Hamster. „Mach es dir bequem. Ich werde dir ein paar Blätter zum Trockenrubbeln bringen, damit du dich nicht erkältest."

Doch obwohl er die Maus abtrocknete und ihr eine warme Decke aus Moos über die Knie legte, begann sie wenig später zu frösteln. Und als es eigentlich Zeit zum Gehen gewesen wäre, fieberte sie schon.

Nun war guter Rat teuer. Der Hamster war sein Leben lang ein einsamer, scheuer Bursche gewesen. Seine Frau war jung verstorben, und Freunde hatte er nicht, weil man für Freunde Zeit braucht. Seine Zeit aber verflog beim Arbeiten. So gab es im Hamsterbau nur ein Bett, und das gehörte dem Hausherrn selbst. Ein wenig mißmutig sah er ein, daß er es vorerst der armen Maus überlassen müsse. Für sich selbst fand er noch ein paar Mooskissen und etwas Heu in einer der Vorratskammern. Da lag er nun, zu hart und zu kühl, als daß es gemütlich gewesen wäre, und betrachtete die spitze Nase der Maus in seinen weichen Vogelfederkissen.

Tags darauf konnte die Maus nicht aufstehen. „Es tut mir leid", flüsterte sie heiser und nieste, „daß ich dir so zur Last falle."

„Macht nichts", brummte der Hamster und rieb insgeheim die Druckstellen auf seiner Kehrseite. „Platz habe ich für zwei, zu fressen auch, und etwas Gesellschaft kann nicht schaden."

Als er gerade dabei war, einen Umschlag aus Fliederbeerenbrei für die Maus zu bereiten, hörte er ein Trippeln vor der Eingangsröhre.

Ehe er sich fragen konnte, was das bedeuten mochte, trat eine nette fette Wühlmaus herein. „Ich wollte mich nach meiner Freundin, der kleinen Maus, erkundigen", pfiff sie und hielt dem Hamster zur Begrüßung einen Strauß köstlich getrockneter Hagebutten hin.

Der Hamster wies einladend auf den Hocker neben seinem Bett. Er war verwirrt. Erst ein Gast, dann ein Gast für den Gast; das war fast zuviel für sein an Ruhe gewöhntes Gemüt. Aber irgendwie gefiel es ihm auch, und so tischte er vom Besten auf, was er eingelagert hatte. Die nette fette Wühlmaus bereitete ein feines Hagebuttenmüsli dazu. Und die kleine Maus konnte sogar ein Körnchen davon knabbern. Die nette fette Wühlmaus plauderte und schwatzte, bis es dunkelte. Da stellte der Hamster ein Licht aus morschem Weidenholz auf den Tisch, das warf einen milden Schein, bei dem es erst richtig gemütlich wurde.

„Gute Besserung, kleine Maus", wünschte die nette fette Wühlmaus endlich, und dann machte sie sich auf den Heimweg.

„Es war schön, Sie kennengelernt zu haben", sagte der Hamster, und das meinte er ehrlich.

In dieser Nacht spürte er das harte Lager schon weniger. Als er am nächsten Tag das Mittagessen vorbereitete, pochte es vernehmlich am Hintereingang. „Nanu", wunderte sich der Hamster und wischte die mehligen Hände ab, „wer ist denn das?"

Draußen stand ein Igel, der trug einen rotgoldenen Apfel auf den Stacheln. „Ich wollte nach meiner kleinen Freundin, der Maus, sehen", sagte er und streifte den Apfel herunter. „Ich kann nicht schlafen, solange ich nicht weiß, wie es ihr geht. Der Apfel ist übrigens für dich, weil du so freundlich zu ihr bist."

Der Hamster wurde sehr gerührt. „Wie nett!" sagte er. „Tritt ein und sieh selbst nach ihr."

Da nahm der Igel am Bett der kleinen Maus Platz. Er hielt ihre heißen Finger und legte die Hand auf ihre Stirn. Und dann erzählten und aßen sie, bis die Nacht heraufzog und der Igel nach Hause mußte.

Jeden Tag ging es nun so weiter. Die Spitzmaus kam und brachte frische Regenwürmer. Das Kaninchen schaute vorbei und hatte Salat für den Hamster unter dem Arm. Die Amsel trug einen Blütenzweig, den sie in einem offenen Fenster stibitzt hatte. Das Eichhörnchen aber sprang herein und brachte einen Tannenzapfen voll der dicksten Samen mit.

Schließlich konnte sich der Hamster gar nicht mehr merken, wer alles die kleine Maus besuchen wollte. Doch jeden Abend, wenn er zufrieden in sein Ersatzbett stieg, freute er sich schon auf den neuen Tag und die Überraschungen, die er bringen würde.

So war der Heilige Abend gekommen. Die kleine Maus durfte zum ersten Mal aufstehen. „Wir wollen das Zimmer schmücken", rief sie und begann, Sterne aus Strohhalmen zu flechten. „Hast du Tannenzweige?"

„Nein", antwortete der Hamster und wurde gleich traurig, weil die kleine Maus traurig war. Ohne ein weiteres Wort lief er hinaus in den Wald und schleppte so viele Zweige herbei, wie er auf beiden Armen tragen konnte.

Wie staunte er aber, als er heimkam und mitten auf dem Tisch ein winziges Tannenbäumchen stand, an dessen Spitze der allerschönste Strohstern glänzte!

„Kleine Maus", sagte er und befühlte erschrocken ihre Füßchen, ob sie auch nicht kalt wären, „du wirst doch nicht in den Schnee gelaufen sein?"

Da lachte die kleine Maus und gab dem Hamster einen Kuß. „Nein", sagte sie. „Das ist ein Freundschaftsbaum. Er ist aus dem Zapfen gewachsen, den das Eichhörnchen gebracht hat. Und jedesmal, wenn du abends nichts gegessen hast, damit du morgens genug für mich hättest, ist er ein Stück größer geworden."

„Das hast du bemerkt?" murmelte der Hamster ein bißchen verlegen und dachte an die Abende, an denen sein Magen im Bett geknurrt hatte.

„Richtige Freunde merken alles", sagte die kleine Maus.

Und dann feierten sie miteinander das schönste Weihnachtsfreundschaftsfest.

4. Dezember

Der 4. Dezember ist der Namenstag der heiligen Barbara. Sie war die Tochter eines reichen Handelsherrn in Nikodemien, einem Ort in Kleinasien, und nicht nur schön, sondern auch sehr klug. Da sie lesen und schreiben konnte, begann sie einen Briefwechsel mit einem gebildeten Kirchenfürsten. Was sie von ihm über Gott und den christlichen Glauben erfuhr, beeindruckte sie sehr. Während ihr Vater auf einer Reise war, ließ sie sich taufen.

Darüber war der Vater so erbittert, daß er seine Tochter vor Maximinius Daja, dem Statthalter Roms in Nikodemien, verklagte. Doch trotz größter Qualen, die dieser Barbara zufügen ließ, verleugnete sie ihren neuen Glauben nicht und starb schließlich unter dem Schwert ihres eigenen Vaters.

Zur Erinnerung an diese Standhaftigkeit im Glauben feiern wir bis heute den Tag der heiligen Barbara.

Niemand weiß, warum man an diesem 4. Dezember Zweige mit Blütenknospen schneidet. Am häufigsten nimmt man Kirsch-, Apfel- oder Mandelbaumzweige. Doch auch Forsythien, Jasmin, Weidenkätzchen und Quitten eignen sich gut dazu.

Nach dem Schneiden werden die Stiele schräg eingekerbt und in eine Badewanne voll warmem Wasser gelegt. Nun stellt man die Zweige in lauwarmes Wasser, dem man etwas Zucker und einen Kupferpfennig beigibt. Erneuert man das Wasser jeden zweiten Tag, stehen die Barbarazweige genau um die Weihnachtstage in ihrer vollen Blüte.

Vom Bächlein

Das Bächlein ist gefroren,
ich hab' es heut gesehn
und blieb an seinem Rande
recht lange sinnend stehn.

Sein silberhelles Lachen,
sein schaumig-weißes Kleid;
der Winter hat's gestohlen,
die Sonne ist noch weit.

Das Bächlein ist gefroren,
in Zapfen glänzt das Eis,
und auf der dicken Scholle
liegt Schnee, wie Blüten weiß.

Und doch – ich hört' es knacken,
ein Knirschen unterm Schuh,
als wolltest du mich grüßen,
mein Frühlingsbächlein, du.

Das Gesicht am Fenster

Gerlinde langweilte sich. Die Eltern hatten Einkäufe zu erledigen. Niemand war da zum Reden. Das Kinderprogramm im Fernsehen fand sie albern, und zum Briefeschreiben hatte sie auch keine Lust. Was sollte sie tun?

Plötzlich hatte sie eine Idee. Mit einem Satz sprang sie vom Sofa. „Ich schmücke schon mal den Weihnachtsbaum", sagte sie laut zu sich selbst. „Mutti schimpft doch sowieso immer, daß sie alles allein machen muß."

Drüben im Eßzimmer stand der Tannenbaum, den Gerlinde zusammen mit den Eltern auf dem Weihnachtsmarkt ausgesucht hatte. Er reichte fast bis zur Zimmerdecke, und der Duft seiner Nadeln erfüllte die Luft. Auf dem Tisch hatte die Mutter schon den Baumschmuck bereitgelegt: Silberschleifen, weiße Engelchen mit Goldflügeln, Sterne aus Silberfolie und zwei Schachteln durchsichtiger Glaskugeln, die mit bunten Weihnachtsmotiven bemalt waren. Auch genug Kerzen hatte sie gekauft. Verträumt begann Gerlinde, die Kerzenhalter auf die Zweige zu stecken. Ganz von selbst kam ihr ein Weihnachtslied nach dem anderen in den Sinn. Die Zeit verflog.

Nur noch die Silberschleifen waren in den Baum zu knüpfen, als Gerlinde in der spiegelnden Fensterscheibe ein Gesicht mit plattgedrückter Nase erblickte. Erschrocken wich sie einen Schritt zurück. Dann erst bemerkte sie, daß da draußen ein Mädchen stand, kaum älter als sie selbst. Ob sie wohl betteln wollte? Gerlinde sah sich um. Was sollte sie dem Mädchen geben? Einen Apfel, Schokolade? Doch als sie mit dem rotbackigen Apfel ans Fenster trat und öffnete, wich das Mädchen kopfschüttelnd zurück.

„Nein, danke", sagte es. „Ich wollte dir nur zugucken. Du hast so viele schöne Sachen für den Baum."

„Du nicht?" fragte Gerlinde erstaunt.

Das Mädchen lachte verlegen. „Meine Eltern haben sich gezankt", antwortete es. „Da hat Mutter alles in den Müllschlucker geschmissen."

Gerlinde wußte nicht, was sie dazu sagen sollte. Weihnachten in einem ungeschmückten Zimmer? Wie traurig mußte das sein.

Das Mädchen schwieg auch. „Ich heiße Bärbel", sagte es endlich. „Vielleicht sehen wir uns ja mal."

Bärbel! Das brachte Gerlinde auf eine Idee. „Warte!" rief sie. „Ich glaube, ich hab' etwas für dich."

Bärbel blieb überrascht stehen.

„Guck mal, Barbarazweige", sagte Gerlinde und brachte eine Vase blühender Kirschbaumzweige ans Fenster. „Möchtest du welche?"

Bärbel zögerte.

„Man könnte die Blüten abschneiden und an die Tannenzweige binden", meinte Gerlinde. „Hast du Geschenkband?"

Bärbels Augen begannen zu strahlen.

„Schenkst du mir ein paar davon?“

Gerlinde nickte. „Wir brauchen nur einen Zweig.“

Bärbel drückte die Blüten vorsichtig an sich. „Jetzt haben wir doch noch richtige Weihnachten“, strahlte sie.

Lächelnd sahen sich die Mädchen an. „Telefonieren wir?“ fragte Gerlinde.

„Gleich morgen“, versprach Bärbel. Und dann winkten sie einander zu, bis die wirbelnden Schneeflocken ihnen die Sicht nahmen.

6. Dezember

Es war einmal ein weiser, gottesfürchtiger Bischof mit Namen Nikolaus. Man weiß nicht genau, ob er aus dem Ort Myra in Kleinasien oder aus Sion stammte. Seine Gutherzigkeit aber ist bis heute überliefert und soll allen Menschen als Beispiel vor Augen stehen.

Einst, so heißt es, habe Nikolaus von einem Vater gehört, der drei Töchter hatte. Als diese ins heiratsfähige Alter kamen, wollte kein Mann sie zur Frau nehmen, weil der Vater arm war und Ihnen keine Mitgift in die Ehe mitgeben konnte. Schließlich wurde die Not im Haus so groß, daß nichts mehr zu essen gekauft werden konnte.

Da rief der Vater seine Töchter zu sich und sagte zu ihnen: „Liebe Kinder, ihr wißt, wie es um uns bestellt ist. Ich habe keine Arbeit und kein Geld mehr. Für mich alten Mann reicht zur Not noch, was ich erbetteln kann. Ihr aber müßt bei mir verhungern. Darum habe ich beschlossen, euch als Sklavinnen zu verkaufen. Morgen schon geht ihr in Dienst."

Die Töchter begannen zu weinen. „Eher wollen wir sterben, als verkauft zu werden", sagte die älteste zu ihren Schwestern.

„Laßt uns zum Gott der Christen beten", schlug die jüngste vor. „Vielleicht will er ein Wunder an uns tun."

„Ja", stimmte die mittlere zu. „Wir wollen beten und uns trösten. Zum Sterben ist bei Sonnenaufgang noch Zeit genug."

Miteinander knieten sie nieder und begannen, laut zu beten und Gott ihr Schicksal anzuvertrauen.

Nikolaus, der fromme Bischof, hatte nun die Gewohnheit, nachts durch die stillen Straßen zu gehen und den Bettlern unter den Brücken Almosen zu schenken. An diesem Abend kam er auch am Haus des armen Vaters vorbei und hörte aus einem offenen Fenster Mädchenstimmen Gott anrufen. Aufmerksam blieb er stehen. Was er vernahm, tat ihm sehr leid. Trotzdem empfand er zugleich große Freude, denn das Gottvertrauen der Mädchen zeigte ihm, daß der Christenglaube immer mehr Anhänger fand.

Rasch kehrte er in sein Kloster zurück und öffnete einen geheimen Schrein, in dem er kostbare Geschenke aufbewahrte, die Gläubige manchmal auf Gottes Altar opferten. Erst vor wenigen Tagen hatte ein reicher Händler drei kindskopfgroße Kugeln aus reinem Gold gebracht. Er hatte damit für die Gesundheit seines neugeborenen Erben gedankt.

Nikolaus verbarg die drei Kugeln in den Falten seines Gewandes, verschloß den Schrein und trat auf die Straße. Das Haus der betenden Mädchen war gleich wiedergefunden. Ein Baum breitete seine Äste vor dem immer noch offenstehenden Fenster aus.

Nikolaus schob die langen Enden seines Gewandes in den Gürtel und zog sich in die Baumkrone hinauf. Von oben konnte er ins Fenster sehen. Die drei Mädchen schliefen Arm in Arm in ihrem gemeinsamen Bett. Nikolaus lächelte, dachte an ihr Gebet und ließ leise die drei goldenen Kugeln auf die Bettdecke gleiten.

Auf dem Heimweg stellte er sich die Freude der Mädchen vor, die nun nicht verkauft werden mußten und sicher bald schon einen Mann finden würden, der sie gern als seine Frau heimführen wollte.

Die drei Töchter aber dankten am nächsten Tag Gott für seine Gnade und das Wunder, das er an ihnen vollbracht hatte. Sie ließen sich in der kleinen Kirche ihres Ortes von Bischof Nikolaus taufen. Und als sie geheiratet hatten, brachten sie auch ihre Kinder zu ihm.

Wir erinnern uns des guten Bischofs Nikolaus an jedem 6. Dezember, wenn wir unsere blankgeputzten Stiefel vor die Haustür stellen und voll mit süßen Gaben wieder hereinholen dürfen. Besonders im Süden Deutschlands geht der Nikolaus mit seinem Knecht Ruprecht in einem schönen Bischofsgewand von Tür zu Tür und beschert die braven Kinder aus einem großen Sack. Für die unartigen hält Ruprecht seine Rute bereit. Aber natürlich findet Nikolaus nur brave Kinder, wie du eines bist . . .

nach einer Heiligenlegende

Guter Nikolaus

Guter Nikolaus,
komm in unser Haus,
triffst ein Kindlein an,
das ein Sprüchlein kann
und schön folgen will!
Halte bei uns still,
schütt dein Säcklein aus,
guter Nikolaus.

Ach, du lieber Nikolaus,
komm doch einmal in mein Haus!
Hab' so lang an dich gedacht!
Hast mir auch was mitgebracht?

Volksgut

Schülerbitte

Lieber, guter Nikolaus,
lösch uns unsre Vieren aus,
mache lauter Einsen draus,
bist ein braver Nikolaus.

aus Berlin

Nikolaus

Nikolaus, ich bin bereit,
Nikolaus, es ist soweit,
vor die Tür, vor die Tür
lauf' ich und schau' aus nach dir.

Nikolaus, ich freu' mich sehr,
bitte, komm doch endlich her,
denn zum Schluß, denn zum Schluß
macht das Warten Überdruß.

Ein Gedicht hab' ich geübt,
das dich sicher nicht betrübt,
und ein Lied, nur für dich,
das gefällt dir hoffentlich.

Sag, hast du was mitgebracht,
etwas, das mir Freude macht?
Komm ins Haus, Nikolaus,
und pack deinen Sack schnell aus!

Als der Nikolaus verboten war

Wenn Nikolaus kommt, freuen sich Kleine und Große. Dieser Tag ist aus der Vorweihnachtszeit nicht mehr wegzudenken.

Einmal aber, im Jahre 1682, beschloß der Herzog von Mecklenburg an der Ostseeküste, den Nikolaus einfach abzuschaffen. Dazu erließ er folgenden Befehl:

„Nachdem nunmehro die Adventszeit und das darauffolgende heilige Christfest herbey kommt, wo dem gemeinen Gebrauch nach allerlei vermummte Personen im Namen des Christkindleins auf den Gassen umherlaufen, in die Häuser eindringen oder willig hineingerufen werden, ... daß den Kindern eingebildet wird, es sey das wahre Christkindlein, auch Nikolaus oder Martinus – so haben wir ... beschlossen, das solche ... Zeremonien in unseren ... Landen bei ernster Strafe gänzlich abgeschafft und ... verboten seyn soll."

Wie traurig wohl damals die Kinder waren!

Begegnung mit dem Nikolaus

Endlich hat es geschneit. In dicken, weichen Flocken bedeckt der Schnee den Wichtelwald. Marti, Tom und Lisa, die Wichtelkinder, jauchzen auf der Rodelbahn. Immer wieder schieben und ziehen sie ihre Schlitten den Hügel hinauf, um dann bäuchlings in einer Kette heruntersausen.

Auf einmal ruft Tom: „Wer traut sich mit mir zwischen den Bäumen durch?"

Lisa hat ein bißchen Angst, doch sie will sich nicht von den Buben auslachen lassen. „Ich mach' mit", sagt sie tapfer. „Aber nicht auf dem Bauch."

Marti, dem die Sache auch nicht geheuer ist, schlägt vor, daß sie alle auf einem Schlitten fahren. „Wenn wir ausprobiert haben, wie gut es geht", meint er, „können wir ja wieder Kette fahren."

Tom ist einverstanden. „Mein Schlitten ist am längsten", sagt er und rutscht ganz nach hinten. „Kommt! Ich lenke." Rasch sitzen sie auf. „Eins, zwei, drei!" zählt Tom, und dann stoßen sie sich gleichzeitig mit den Füßen ab. Der Hang ist steiler als ihr Rodelberg. Tom muß sich anstrengen, an den Bäumen vorbeizulenken.

„Halt, ein Stein, ein dicker!" schreit Lisa plötzlich. Doch zu spät. Schon saust der Schlitten darauf zu. Ein Stoß, ein Ruck, da purzeln die Wichtelkinder in den Schnee.

„Das ist ja gar kein Stein!" ruft Marti, der sich als erster wieder aufrappelt. „Das

ist doch ein Sack, und in dem ist sogar etwas drin."

Nun sehen es auch die anderen.

„Ein Bär", staunt Tom.

„Eine Trompete und ein Püppchen!" entdeckt Lisa.

„Wem mag der Sack gehören?" fragt Marti und sieht sich um. „Einem Wichtel jedenfalls nicht, dafür ist er viel zu groß."

Gerade, als er sich zur anderen Seite wenden will, schiebt sich ein schneebestäubtes Gesicht hinter einem Baum hervor, das ist so rund wie der Vollmond des Nachts über dem Wichtelland.

„Hilfe!" kreischt Marti aus Leibeskräften. „Ein Riese!"

Erschrocken rennen die Wichtelkinder los. Riesen sind gefährlich, denn ihre Leibspeise ist Wichtelfleisch. Und das lernt jedes Wichtelkind, noch ehe es sprechen und laufen kann.

Dieser Riese scheint jedoch eine Ausnahme zu sein. „Lauft nicht fort, ihr lieben Kleinen!" ruft er. „Kennt ihr mich denn nicht? Ich bin doch der alte Knecht Ruprecht vom Nikolaus."

Unsicher blicken die Wichtelkinder zurück. Tatsächlich, das Mondgesicht hat helle, freundliche Augen und lächelt ihnen zu. Immer noch bereit weiterzurennen, bleiben die Knirpse stehen. „Was willst du von uns?" fragt Lisa und versucht, mutig auszusehen.

„Und woher sollen wir wissen, daß du tatsächlich der Knecht Ruprecht bist?" ruft Tom dazwischen.

Das Vollmondgesicht verzieht sich betrübt. „Ich habe meinen guten Herrn verloren. Wie soll er nun die braven Kinder beschenken? Dort, seht nur hin, liegt ja der Sack im Schnee!"

Marti haucht in die kalten Hände. „Sollen wir dir suchen helfen?" fragt er.

Wie sich der treue Knecht da freut!

Auch die Vögel und Eichhörnchen haben aufmerksam gelauscht. St. Nikolaus in Not? Da wollen sicher alle Tiere im Wichtelwald mithelfen.

Knecht Ruprecht ist so müde vom Herumirren und Suchen, daß er keinen Schritt mehr gehen mag. „Hier bin ich, hier bleib' ich", seufzt er. „Ich will erst aufstehen, wenn mein Herr es befiehlt."

Da machen sich die Wichtelkinder ohne ihn auf die Suche. „Daß du ja nicht einschläfst im Schnee!" mahnt Lisa noch zum Abschied und streichelt den traurigen Knecht. „Sonst mußt du erfrieren."

Doch der Alte lächelt sie nur an und brummt: „Mach dir keine Sorgen, kleines Fräulein. Mir passiert schon nichts."

Und wirklich, kaum sind die Wichtelkinder verschwunden, kommen Rehe und Hasen, Füchse und Waschbären und wärmen Knecht Ruprecht mit ihrem weichen Pelz.

Tom weiß einen Hochsitz in der Nähe. Von dort oben beobachten die Jäger das Wild. Als er den Kopf in den Nacken legt, stellt er ein bißchen erschreckt fest, wie hoch in der Baumkrone das Bretterhüttchen steht.

„Wartet hier auf mich", sagt er zu seinen Freunden. „Von oben sehe ich ihn bestimmt."

Tapfer beginnt er zu klettern, doch für

seine kurzen Wichtelbeine scheinen die für Menschen gedachten Stege der Leiter so weit wie die Balken eines Barrens voneinander entfernt. Zu jedem Steg muß er sich mit einem Klimmzug aufschwingen. Bald schon schmerzen die Muskeln so, daß er rasten muß.

Zwei Marder, die ihm neugierig zugeschaut haben, kommen herbei. „Wir tragen dich das letzte Stück, wenn du willst", lispelt einer von ihnen. „Der Nikolaus ist auch unser Freund." Das läßt Tom sich nicht zweimal sagen. Die Marder ringeln ihre Schwänze um seinen Bauch, und ab geht's, hinauf ins Jägerhäuschen.

Da oben pfeift ordentlich der Wind, aber Tom hält sich gut fest. So weit das Auge reicht, nur Bäume und Schnee. Doch halt, was ist das?

„Der Nikolaus!" kreischt einer der beiden Marder. „Der Nikolaus!" weiß auch die Elster über Tom im Baum.

Tatsächlich, er ist es! Rot leuchtet sein Mantel im Schnee, und das Sonnenlicht

läßt den goldenen Bischofshut blitzen. Aber schief sitzt der Hut auf seinem Kopf, und der Mantelsaum ist schwer vom Schnee, der darin klebt, denn der Nikolaus hat sich das Schlittenseil über die Schulter gelegt und zieht den bepackten Schlitten ganz allein.

„He, du da oben, Frau Schwatzbase!" ruft Tom und winkt die Elster herbei, die immer noch ihre Neuigkeit in den Wald schreit. „Flieg schnell hin und sag ihm, er soll ein Weilchen warten. Wir wollen Knecht Ruprecht zu ihm bringen."

„Schwatzbase! Unerhört!" zetert die Elster erbost, aber dann fliegt sie doch davon, um die Botschaft auszurichten.

Herunter geht es schneller als hinauf für den kleinen Tom, denn er rutscht einfach die Leiterstange entlang. Marti und Lisa warten ungeduldig.

„Wo ist er?"

„Hast du ihn gesehen?" rufen sie laut durcheinander.

Aber Tom nimmt sich keine Zeit für lange Erzählungen. „Wir müssen Knecht Ruprecht hinführen", sagt er und springt den anderen voraus. „Beeilt euch, Freunde!"

Als sie den Alten inmitten der Tiere wachrütteln, weiß er zuerst nicht, wie ihm geschieht.

„Knecht Ruprecht, alter Gesell, nimm deinen Sack nun, und spute dich schnell!" drängt Lisa, die sich plötzlich an ein Nikolausgedicht erinnert. „St. Nikolaus im tiefen Tann auf dich nicht länger warten kann."

„Ihr habt ihn gefunden?" ruft der Alte erfreut. „Wo ist er?"

„Wir führen dich", sagt Tom stolz und steigt in Knecht Ruprechts rechte Manteltasche. Lisa und Marti passen bequem in die linke.

Zwei Hirsche streifen sich die Tragriemen des Rucksackes über ihr Geweih, dann zieht die kleine Karawane los. Knecht Ruprecht fängt vor Freude zu singen an, daß es durch den Wald schallt.

„Hätte ich dich nicht gesehen, gehört hätte ich dich gewiß, alter Freund!" begrüßt ihn St. Nikolaus lachend. „Wie gut, daß du wieder da bist! Nun können wir doch noch allen Kindern eine Freude machen."

„Ja", nickt Knecht Ruprecht. „Das haben wir nur unseren Wichtelkindern und den Tieren des Waldes zu verdanken."

Da strahlt der Nikolaus über das ganze Gesicht. „Dann", sagt er, „sollen sie auch mitkommen und bei der Bescherung helfen dürfen."

So kam es, daß bis auf den heutigen Tag zwei Hirsche den Nikolausschlitten ziehen und die Elster sein Kommen ankündigt. Wenn du aber besonders lieb gewesen bist, kann es sein, daß du im krummen Bischofsstab ein Wichtelkind schaukeln siehst oder zwei oder drei. Und eines davon blinzelt dir zu.

Weihnachtsfest

Weihnachtsläuten

In dieser Nacht sah ich im Traum
den allerschönsten Tannenbaum
hoch auf dem Berg in Eis und Wind,
wo Menschen nie gewesen sind,
der reckte seine grüne Pracht
wie lauschend in die Winternacht.

Ein Glockenton schwang sich vom Tal
zum Tannenbaum empor,
und von den Zweigen allzumal
klang er zum Himmelstor.

Ein Englein stand dort, zart und fein,
das fing an einem Silberband
den Glockenklang mit leichter Hand
zu einem Glöckchen ein.

Als spät das Christkind durch den Tann
zum schönsten Baum geflogen kam,
da hing's das Glöckchen ins Geäst,
damit sich's künftig hören läßt
durch alle Zeit und Weltenraum
als Gruß in deinen Weihnachtstraum.

O Freude über Freude

O Freude über Freude!
Ihr Nachbarn, kommt und hört,
was mir dort auf der Heide
für Wunderding passiert!
Es kam ein weißer Engel
bei hoher Mitternacht,
der sang mir ein Gesängel,
daß mir das Herze lacht'.

Er sagte: „Freut euch alle,
der Heiland ist geborn
zu Bethlehem im Stalle,
das hat er sich erkorn.
Die Krippe ist sein Bette.
Geht hin nach Bethlehem!"
Und wie er also red'te,
da flog er wieder heim.

Ich dacht': Du mußt nicht säumen!
Ich ließ die Schäflein stehn.
Ich lief dort hinter den Zäunen
bis zu dem Stalle hin.
Da ward ich schier geblendet
von einem lichten Strahl,
der hatte gar kein Ende
und wies mich in den Stall.

Ich schlich mich auf die Seite
und guckt' ein wenig 'nein.
Da sah ich ein paar Leute
und auch das Kind dabei.
Es hatte statt ein' Bette
ein einzig Büschlein Stroh
und lag wohl also nette,
kein Maler träf' es so.

Ich glaub', im ganzen Lande,
da hat's nicht solch schön Kind'.
Es lag in lauterm Glanze,
man ward schier davon blind.
Ich dacht' in meinem Sinne:
Das Kindlein stünd' dir an,
wenn du dir's könnt'st gewinnen,
du wagt'st ein Lämmlein dran.

aus Schlesien, um 1840

Vom Weihnachtsbaum

Den Tannenbaum mit Putz und Lichterglanz, der für uns das Christfest erst festlich macht, gab es nicht immer.

Eine erste Nachricht über die Sitte, eine geschmückte Tanne aufzustellen, gibt es aus dem Jahr 1606. Damals schrieb ein Bürger aus Straßburg, daß man in seiner Heimatstadt „Dannenbäum" in den Stuben mit Papierrosen, Äpfeln, Plätzchen, Zuckerwaren und Fischgold herausputze.

Über ein Jahrhundert später erfahren wir aus Deutschland, daß man für jedes Familienmitglied ein eigenes Tannenbäumchen aufstellte. Diese waren der Größe nach zugeordnet. So erhielt der Vater, als der wichtigste im Haus, den höchsten Baum, das kleinste Kind den allerkleinsten. Wenn die Familie in die mit Kerzen beleuchtete Stube trat, erkannte jeder sofort, welcher Baum und welche Geschenke ihm zugedacht waren. Schon am ersten Weihnachtsmorgen aber wurden die Bäume abgeplündert und aus der Stube fortgeschafft.

Im 19. Jahrhundert wurde dann der große, mit Lichtern und allerlei Zierat besteckte Tannenbaum in die Wohnstube gestellt, wie wir alle ihn bis heute lieben.

In seine Zweige hing man goldene und silberne Äpfel, Nüsse sowie bunte Bonbons und anderes Naschwerk. Während und nach den Weihnachtstagen durften die Kinder im Haus den Baum abernten, denn einen bunten Teller gab es nicht.

Rätsel

Ich kenne ein Bäumchen gar fein und zart,
das trägt euch Früchte seltener Art.
Es funkelt und leuchtet mit hellem Schein
weit in des Winters Nacht hinein.
Das sehen die Kinder und freuen sich sehr
und pflücken vom Bäumchen
und pflücken es leer.

Volksgut

Vom Tannenbaum, der nie goldene Zapfen bekam

Am Waldrand stand zwischen Büschen und Heidekraut eine kleine, verkrüppelte Tanne. Jahr für Jahr, wenn der Winter gekommen war, hing der Förster ein Vogelhäuschen in ihre Zweige und füllte es reichlich für seine gefiederten Freunde.

Den ganzen Tag wurde es nicht still um den kleinen Baum, denn die Vögel hatten viel zu schwatzen.

„In der Stadt hängen sie schon Lichterketten auf", wußten die Spatzen, die in allen Gassen daheim waren.

„Beim Brunnen steht schon der erste Weihnachtsbaum", zwitscherten die Meisen.

„Ja, und morgen", tschilpten die Finken dazwischen, „will der Förster Waldarbeiter schicken, die Tannenbäume fürs Fest mitnehmen sollen."

„Die werden dann verkauft und mit roten Kugeln und goldenen Schleifen geschmückt", pfiff ein Dompfaff, der alles immer ganz genau wissen mußte.

„Aber am schönsten sind doch goldene Tannenzapfen", gurrte eine Taube, die einmal aus einem Taubenschlag fortgeflogen war.

Die kleine Tanne versuchte, ihre Schneemütze abzuschütteln, um größer auszusehen.

„Meint ihr, sie nehmen auch mich einmal mit?" fragte sie gespannt. Die Vögel hörten verwundert auf zu fressen und zu erzählen.

„Dich?" kreischte eine Elster und hielt der kleinen Tanne eine Spiegelscherbe hin, die sie gerade in ihr Nest tragen wollte. „Schau doch selbst, wie schön du bist!"

Da sah die kleine Tanne zum ersten Mal ihre schief gewachsenen Zweige und den Stamm, der wie ein Fragezeichen verbogen war, und schämte sich sehr. Am nächsten Morgen kamen die Holzfäller tatsächlich. Sie suchten die schönsten Tannen aus, sägten sie ab und fuhren in großen

Lastwagen mit ihnen davon. Die kleine Tanne sah alles mit an und weinte Tränen aus bitterem Harz.

Mehrere Tage vergingen, da kam der Förster wieder an den Waldrand, um das Vogelhaus neu zu füllen. Auf einem Anhänger brachte er vier Baumstämme mit, die der kleinen Tanne bekannt vorkamen. Wunderbar gerade waren sie gewachsen, doch die Nadeln waren braun und dürr geworden, und unter dem obersten Kranz seiner Zweige glänzte bei einem von ihnen ein goldener Zapfen.

Einen nach dem anderen warf der Förster die Bäume in den Schnee. „Sollen die Hasen sich unter euch verstecken, dann seid ihr doch noch zu etwas nutze", brummte er und fuhr davon.

Gleich kam ein Eichhörnchen, das griff nach dem goldenen Zapfen und biß hinein. Doch kaum hatte es das erste goldene Samenkorn zwischen den Zähnen, warf es den ganzen Zapfen schimpfend fort.

„Pfui, ungenießbar!"

Die kleine Tanne mußte lachen und reckte alle ihre grünen Zweige in den Wind.

„Komm!" rief sie dem Eichhörnchen zu und winkte auch die Vögel zum Futterhaus. „Goldene Körner hab' ich zwar nicht, aber braune, köstlich-frische. Und wenn ich auch nie ein Weihnachtsbaum werde, so ist mir doch der goldene Sonnenschein in meiner Krone lieber, als nur ein einziges Mal einen goldenen Tannenzapfen zu tragen."

Als Fridolin zum Puppenball ging

„Meinst du wirklich?“ fragte Fridolin zögernd und sah sein Schaukelpferd an. „Wird es auch nicht zu kalt sein in der Nacht?“

„Unsinn!“ wieherte Fränzchen und schüttelte seine Mähne, daß die Glöckchen am Zaumzeug klingelten. „Steig schon auf!“

„Also gut“, sagte Fridolin, setzte einen Fuß in den Steigbügel und schwang sich in den Sattel.

Fränzchen schlug noch einmal mit seinem Schweif, und ab ging's – klipperdieklapper – aus dem Fenster, in die Nacht hinaus.

Fridolin schauderte ein wenig zusammen, als der Wind durch den Schlafanzug strich.

„Ich will dir eine Sonnenblume wekken“, wieherte Fränzchen, „damit sie dich wärmt. So gut wie die Sonne kann sie's zwar nicht, aber es ist besser als nichts.“

„Eine Sonnenblume?“ rief Fridolin, „Mitten im Winter?“

„In der Heiligen Nacht ist alles möglich“, wieherte Fränzchen. „Paß nur auf.“

Die Sonnenblume schlief im Himmelsgarten, und alle ihre Blütenkinder schliefen auch. Die kleinsten hatten die Gesichter unter goldenen Pelzen verborgen und eine Schneedecke warm über sich gezogen.

„Ach“, gähnte die Sonnenblume, als Fränzchen sie weckte, „ist es schon wieder Frühling? Ich bin noch so müde.“

„Nein, nein, beste Freundin“, wieherte Fränzchen leise. „Ich brauche nur deine Hilfe. Mein kleiner Freund Fridolin ist heute nacht zum Puppenball geladen, aber er hat seinen Morgenmantel in der Eile vergessen und friert. Könntest du nicht eines deiner Kinder wecken, damit es ihn wärmt?“

„Puppenball? Wie entzückend!“ rief die Sonnenblume. „Natürlich will ich deinem Freund behilflich sein.“

Sie schüttelte das älteste Sonnenkind an ihrer Seite. „Lieschen“, flüsterte sie, um die anderen nicht zu wecken. „Kind, wach auf, du sollst zum Puppenball gehen.“

So kam es, daß Fridolin eine eigene kleine Sonne bekam. Sie wärmte ihn und lehnte ihr Köpfchen zärtlich an seine Schulter. Und als er irgendwann müde zu werden begann vom weiten Ritt, summte sie ihm ein Sonnenblumenlied vor, um ihn wach zu halten.

Endlich blieb Fränzchen stehen. „Wir sind da!“ wieherte er. Fridolin schaute sich staunend um.

Sie standen mitten in einem Schloßhof. Ringsum schimmerten Kerzen, die auf allen Fensterrahmen brannten. Aus festlich erhellten Räumen schallte ihnen schon fröhliches Lachen entgegen, mit dem sich die allerzarteste Musik vermischte.

Eben eilten feingekleidete Damen aus dem Schloßtor. Sie rafften ihre weiten Röcke hoch, daß man ihre goldenen

Schuhe sah, und einige sprangen so rasch herbei, daß ihre langen Haare wie Schleier flogen.

„Da seid ihr ja endlich!" riefen sie, machten tiefe Hofknickse und konnten Fränzchen gar nicht schön genug tun. „Wir fürchteten schon, ihr kämet nicht mehr!"

Sie faßten Fridolin an beiden Händen, halfen ihm aus dem Sattel und führten ihn in den Schloßsaal. Sie rückten ihm einen Sessel ins Kerzenlicht, setzten ihn hinein und schoben auch noch einen Schemel unter seine Füße. Dann stellten sie sich zu seinen beiden Seiten auf und klatschten einmal in die Hände.

Sogleich öffnete sich eine Tür, und heraus traten vier Puppenmädchen und vier Puppenknaben. Sie trugen ein rotes Samtpolster zwischen sich, auf welchem eine zierliche Krone lag. Vor Fridolin knieten sie nieder und hoben das Samtpolster mit der Krone über ihre Köpfe empor.

„Lang lebe unser neuer König!" riefen alle die Puppendamen und Puppenherren, die im Saal waren, und die jungen Damen neben Fridolins Thronsessel setzten ihm die Krone auf den Kopf. Alle klatschten so eifrig Beifall, daß es klang, als prasselten Regentropfen auf einen Regenschirm. Und mitten hinein fing die Affenkapelle, die auf einer geschmückten Bühne saß, an, einen Tusch zu blasen.

Fridolin sah sich vorsichtshalber nach seinem Fränzchen um. Ihm war nicht recht geheuer bei all den fremden Leuten. Aber Fränzchen scharrte nur mit dem Vorderhuf und nickte im Takt der Musik. Es war also alles in Ordnung.

„Du mußt dich verbeugen, Majestät!" flüsterte ihm eine der Damen an seiner Seite zu und reichte ihm einen Becher mit Wein, der so klein wie ein Fingerhut war.

Da erhob Fridolin sich von seinem Sessel, grüßte sein Puppenvolk mit vollem Becher und trank ihn in einem Zug leer. Dann winkte er den Musikanten auf der Bühne zu und rief: „Musik im Saal! Der König möchte tanzen."

Vor der blondesten Puppendame im ganzen Saal verneigte er sich, denn die hatte er sich schon gleich zu Anfang ausgesucht, und sagte: „Darf ich bitten, meine Gnädigste?"

Als sie ihre Hand in seinen Arm legte, schwenkte er sie so wild und ausgelassen im Tanz herum, daß alle die anderen Puppendamen schon vom Zuschauen Herzklopfen bekamen. Die Puppenkavaliere hingegen strichen ein wenig neidisch ihr Kinn oder ihren Bart und murmelten: „Sapperment, ist das aber einmal ein König!"

Fränzchen sah ihnen allen zu. Er hatte die Nase tief in den Hafersack gesteckt, denn der lange Weg hatte ihn hungrig gemacht.

„Ein Glück", wieherte er den beiden Glühwürmchen zu, die ihm leuchteten, „daß unser neuer König noch rechtzeitig zum Krönungsfest die Puppensprache gelernt hat. Der Sandmann hatte nämlich schon ernste Sorgen, ob er es noch rechtzeitig verstehen würde. In keinem Traum wollte der junge Herr lernen. Immer nur spielen und Abenteuer erleben, mit Raketen fliegen und auf dem Mond landen."

„Ende gut, alles gut", sagten die Glühwürmchen.

Fränzchen nickte. Er nahm seinen Kopf aus dem Hafersack, prustete die Nüstern frei und wieherte so laut in die vornehme Tanzmusik, daß die Kerzen zu flackern begannen und Fridolin beinahe aus seinem Traum erwacht wäre.

Vom Himmel hoch, da komm' ich her

„Vom Himmel hoch, da komm' ich her,
ich bring' euch gute, neue Mär;
der guten Mär bring' ich so viel,
davon ich singn und sagen will.

Euch ist ein Kindlein heut geborn
von einer Jungfrau auserkorn,
ein Kindelein so zart und fein,
das soll euer Freud und Wonne sein.

Es ist der Herr Christ, unser Gott,
der will euch führn aus aller Not;
er will euer Heiland selber sein,
von allen Sünden machen rein.

Er bringt euch alle Seligkeit,
die Gott, der Vater, hat bereit',
daß ihr mit uns im Himmelreich
sollt leben nun und ewiglich.

So merket nun das Zeichen recht:
die Krippen, Windelein so schlecht;
darein find' ihr das Kind gelegt,
das alle Welt erhält und trägt."

Des laßt uns alle fröhlich sein
und mit den Hirten gehn hinein,
zu sehn, was Gott uns hat beschert,
mit seinem lieben Sohn verehrt.

Martin Luther

Kindelwiegen

Josef, lieber Josef mein,
hilf mir wiegen mein Kindelein!
Gott, der wird dein Lohner sein –
im Himmelreich, der Jungfrau Sohn Maria.

Gerne, liebe Maria mein,
helf' ich dir wiegen dein Kindelein,
daß Gott müsse mein Lohner sein
im Himmelreich, der Jungfrau Sohn Maria.

14. Jahrhundert

Balduin Bär und der Weihnachtsmann

Der Herbstwind fegte die letzten Blätter von den Bäumen. Balduin Bär hob die Nase. Er schnupperte. Roch es nicht schon nach Schnee?

„Zeit", brummte er und kratzte sich am Ohr, „Zeit, in die warme Höhle zu kriechen und Winterschlaf zu halten."

„Willst du wirklich Weihnachten einfach verschlafen?" fragte Schlaumi, der Fuchs, der sich gern in Balduins Nähe herumtrieb. Vor den breiten Tatzen war schon so manches kleine Tier erschrokken aufgestoben und direkt in Schlaumis Fänge gelandet.

„Im Winter gibt's nichts Besseres als Schlafen." Balduin betastete wohlgefällig die Speckpolster an seinem Bauch. „Unsereiner hat's nicht nötig, in Eis und Schnee herumzulungern und lahme Mäuse zu jagen, so wie du."

Schlaumi Fuchs verzog die spitze Schnauze. „Schnarch du nur", sagte er. „Ich friere liebe ein bißchen und freu' mich dafür auf den Weihnachtsmann."

Balduin Bär wurde plötzlich sehr nachdenklich. Wenn Schlaumi Fuchs lieber hungern und frieren wollte, als den Weihnachtsmann zu versäumen, mußte der wirklich etwas Besonderes sein.

„Wie wär's, wenn du mich wecken würdest?" meinte er schließlich. „In meiner Höhle ist Platz für zwei. Und wärmen könntest du dich manchmal auch an mir."

Schlaumi tat, als müsse er sich die Sache gut überlegen, aber in Wirklichkeit hätte er am liebsten Löcher in die Luft gesprungen. Sein Bau war nämlich gerade heute vom Förster ausgeräuchert worden. Da kam die Aussicht auf ein warmes Lager bei Balduin Bär genau richtig.

„Nun“, sagte er nach einer Weile, „das läßt sich wohl machen. Aber hast du denn auch etwas Leckeres im Haus, wenn der Weihnachtsmann kommt?“

Balduin Bär setzte sich verwundert auf den Stummelschwanz.

„Braucht man das etwa?“

Schlaumi grinste. „Wer ist das?“ fragte er und brachte sich vorsichtshalber mit einen Sprung in Sicherheit:

„Im Kopf leer,
im Ranzen schwer.
– Balduin Bär!“

„Sag das noch mal!“ knurrte Balduin, doch Schlaumi hatte keine Lust zu streiten.

„Du wirst doch wohl einen Scherz vertragen“, lachte Schlaumi und schlug sich die Zunge ums Maul. „Daß gutes Essen an Weihnachten am wichtigsten ist, weiß doch die ganze Welt.“

Balduin schnaufte. „Das ist nicht so einfach“, überlegte er. „Bären legen nun mal keine Vorräte an.“

„Vielleicht solltest du eine Ausnahme machen, alter Freund“, meinte Schlaumi. „Ich würde dir sogar helfen. Weihnachten ist schließlich das Fest der Liebe.“

Balduin war gerührt.

„Wie konnte ich dir bisher nur immer unrecht tun, lieber Fuchs“, brummte er. „Nie hätte ich gedacht, was für ein braver Kerl du bist!“

„Mag der Weihnachtsmann Fisch?“ fragte er dann, nachdem er sich etwas beruhigt hatte.

„Oh, natürlich!“ erwiderte Schlaumi. „Er ist sehr bescheiden.“

Da gingen Bär und Fuchs also auf die Jagd. Balduin fing Forellen im Bergbach, darin war er nämlich Meister. So lange stand er im Wasser, bis seine Füße voll Eiszapfen hingen.

Schlaumi aber trug die Beute in die Höhle und legte sie auf Eis, das er in einer Seitenkammer entdeckt hatte.

„Wird es genug sein?“ fragte Balduin eines Tages, als er vor Müdigkeit kaum noch stehen konnte.

„Laß gut sein, alter Freund“, nickte Schlaumi. „Ich bin ja auch noch da, und wenn du schnarchst, werde ich mich auf die Socken machen.“

„Ich verlass' mich auf dich“, brummte Balduin erleichtert. Und müde, wie er war, trottete er zu Bett.

Die Wochen vergingen, und es wurde still im Wald. Eines Nachmittags fiel der erste Schnee. Zuerst wie Puderzucker nur, dann immer dichter. Bald lag der Wald unter einer dicken Schneedecke. Sogar der Eingang zur Bärenhöhle war darunter versteckt.

Balduin Bär merkte nichts davon. Schlaumi hatte es sich indessen in der Bärenhöhle wohl sein lassen.

Zuerst hatte er die Mäuse gefressen, die sich dort unvorsichtig eingenistet hatten. Auch ein paar Kaninchen hatte er erwischt, ehe es sich herumgesprochen hatte, wer da bei Balduin Bär eingezogen war. Zuletzt war ihm noch ein flügellahmer Fasan vor die Fänge gelaufen, der im Schutz der Höhle rasten wollte. Doch als der Schnee die Bärenhöhle unter sich begrub, so daß niemand mehr hinaus und herein konnte, begann Schlaumi, die Forellen des Weihnachtsmanns zu kosten.

Tag für Tag machte er sich darüber her und nagte das köstliche Fleisch von den Gräten. Die aber hing er hinterher, eine um die andere, in eine kleine Tanne, die unter einem Lichtschacht im Höhlenzimmer wuchs.

Der Forellenberg schrumpfte, und bald begann auch das Wasser der Schneeschmelze zu tropfen. Und eines Morgens rieb Balduin Bär sich gähnend die Augen klar.

„Ist schon Weihnachten?“ fragte er und sah sich erwartungsvoll um.

„Weihnachten?“ lachte Schlaumi, der Fuchs, der gerade noch unbemerkt die letzte Forelle vertilgt hatte. „Du bist mir der Rechte! Der Weihnachtsmann war längst da. Deine Fische haben ihm prächtig geschmeckt. Wie gern hätte er dich begrüßt und mit dir gefeiert! Aber du Faulpelz warst nicht aufzuwecken. Schau her, der Weihnachtsbaum steht noch da für dich.“ Und dabei wies er auf den grätengeschmückten Tannenbaum.

Balduin riß die Augen auf.

„Oh“, seufzte er, „wie gut muß er sein, der Weihnachtsmann, daß er so an mich gedacht hat. Nächstes Jahr mußt du mir wieder helfen, Freund Schlaumi. Du glaubst doch, daß er noch einmal zu mir kommt?“

„Und ob!“ sagte Schlaumi, der Fuchs. „Du mußt nur rechtzeitig um Hilfe fragen.“

Der Lichtensteiner Pfeifer

Tonis Großeltern wohnen in einem Forsthaus auf der Schwäbischen Alb. Diesmal wollen die Eltern und Toni dort die Weihnachtsferien verbringen.

„Für mich ist unser altes Haus immer noch ein Zauberschlößchen", sagt die Mutter, als sie den letzten Bergabschnitt hinauffahren. „Die Erker und Türme und Butzenscheiben! Als Kind habe ich mir ausgedacht, es wäre eigentlich ein Hexenhaus oder eine Zaubererburg."

„Und vor allem die Stube unterm Dach, wo der Lichtensteiner Pfeifer übernachtet haben soll", flüstert Vater und schaut sich um, als könnte einer heimlich zuhören. „In der Weihnachtszeit soll er umgehen. Weißt du noch, wie eure Tante Klothilde ihn mal gesehen haben will und danach wochenlang mit Fieber im Bett lag?"

Die Mutter nickte. „Hör bloß auf!" ruft sie und schüttelt sich. „Du bist ja selbst der reinste Hexenmeister!"

„Oh, man weiß ja nie", meint der Vater. „Kinder und unverheiratete Fräulein sollen für so etwas den siebten Sinn haben."

Toni kriegt eine Gänsehaut. „So ein Quark!" sagt er besonders laut. „Alles dummes Geschwätz! Gespenster gibt's nicht!"

Der Vater schweigt und biegt zur Hofeinfahrt ein.

Die Großmutter hastet ihnen schon entgegen, so rasch es in Großvaters Hauspantoffeln gehen will.

„Wir haben euch so erwartet", ruft sie und schließt Toni fest in die Arme. „Wo doch heutzutage so viel passiert auf den Straßen. Kommt herein! Vater brüht schon Kaffee auf."

Der Nachmittag verfliegt mit Erzählen, Bilderanschauen und Geschenkeauspakken. Die Schlafenszeit für Toni rückt heran. Keiner merkt recht, wie.

„Du mußt heute ausnahmsweise einmal oben hin, Herzli", sagt die Großmutter, als Toni aus dem Bad kommt. „In der Gästestube unten sind gerade die Handwerker. Da kannst du nicht schlafen, zwischen Eimern und Tapetenrollen. Oben habe ich dir schon alles gerichtet. Du sollst sehen, es schläft sich fein dort."

„An Geister glaubst du ja sowieso nicht", erklärt der Vater. „Ob nun der Lichtensteiner da oben umgeht oder nicht."

„Albernes Zeug!" schimpft die Großmutter und nimmt Toni um die Schultern. „Ich möchte nur einmal wissen, wann du Vernunft annehmen wirst! Das Kind zu erschrecken!"

Der Vater schneidet ihr ein schiefes Gesicht und wackelt übermütig mit den Ohren, bis sie lachen muß.

Das Dachstübchen liegt in einem Turm. Die Treppe knarrt, als die Großmutter und Toni hinaufgehen.

„Wir nehmen ein Windlicht mit", schlägt die Großmutter vor. „Oben haben wir kein elektrisches Licht."

Das Bett ist weich und dick von Gänsedaunen, die die Großmutter selbst gezupft hat.

„Läßt du die Tür ein bißchen offen?" bittet Toni, während die Großmutter ihn zudeckt.

„Sicher", sagt sie. „Du brauchst keine Angst zu haben, Büble. Wir sind ja alle da."

Toni lauscht ihrem Schritt auf der Treppe nach. Dann ist es still. Das Kerzenlicht malt wunderliche Figuren an die Decke. Aus der Wohnstube zittert unverständlich das Gewirr der alten und jungen Stimmen herauf, und einmal schweben Klavierakkorde darüber.

„Mama", denkt Toni.

Die Augen fallen ihm zu. Mit leisem Knistern brennt die Kerze fort.

Eine Stunde später mag es sein, da scharrt und kratzt es über den Fußboden.

Eine Sekunde lang vielleicht, dann Stille. Dann wieder dieses Geräusch. Toni ist plötzlich hellwach.

Das ist er! Er weiß es sofort: Der Lichtensteiner Pfeifer! So tief es geht, kriecht Toni unter die Federdecke. Nur an einer Seite hebt er sie an.

Da sieht er den Schatten des Geistes wie einen riesigen Scherenschnitt auf die Wand fallen. Ehe das Licht der Kerze vollends erlischt, erkennt er über einem geschwungenen, doch nur aus dürren Rippenbögen bestehenden Brustkorb ein stolzes Profil mit kühn vorspringender Nase. Stirn und Locken liegen fast verdeckt unter einem breiten Schlapphut, aus dessen Krempe die Augen wahrhaft teuflisch glühen. Dann fällt die Dunkelheit über das Zimmer.

Toni macht sich klein im Bett.

Er weiß nicht, wie lange er den Geist belauert hat, der mit leisem Füßescharren die Wände abzutasten scheint. Da plötzlich schlägt die Tür mit einem Knall nach innen auf, nähern sich Schritte seinem Bett. „Hilfe!“ Toni schreit, als sollte er am Spieß gebraten werden, und springt aus dem Bett – geradewegs in Großmutters Arme.

„Jesses, Kind!“ ruft sie und taumelt unter seinem Ansturm. „Was ist denn, was hast du denn?“

„Der Geist!“ stößt Toni hervor. „Er ist hier, die ganze Zeit.“ Mit einem Auge blinzelt er zwischen Brust und Arm der Großmutter hindurch.

Fort ist der Geist.

Nichts steht an der Wand als eine alte Schneiderpuppe mit einem Perückenkopf, auf dessen Schillerlocken ein glasperlengeschmückter Florentinerhut wakkelt.

„Geist?“ Die Großmutter lacht und schüttelt den Kopf.

„Hast geträumt, Bub. Kann sein, die Mäuse haben gekratzt. Andere Geister hat's hier keine. Jetzt schlaf und träum was Rechtes. Morgen wollen wir dann den Geist schon fangen.“

Toni schaut verlegen.

„Verrätst mich?“ fragt er und nestelt an seinem Hosengummi.

„Ich?“ fragt die Großmutter zurück. „Dich?“

Mit beiden Händen wuschelt sie sein Haar durcheinander.

„Aber weißt du was?“ sagt sie mit leisem Verschwörerlachen.

„Morgen lassen wir den Vati hier oben schlafen. Es könnte gut sein, daß ich den Geist bitte, daß er kommt. Ein Leintuch hätt' ich schon noch.“

Und dann liegen sie zusammen in Tante Klothildes Bett und lachen und schreien: „Hu – hu!“ unter der Zudecke.

Geisterstark hört es sich an.

Das Weihnachtsbäumlein

Es war einmal ein Tännelein
mit braunen Kuchenherzelein
und Glitzergold und Äpflein fein
und vielen bunten Kerzelein:
Das war am Weihnachtsfest so grün,
als fing' es eben an zu blühn.

Doch nach nicht gar zu langer Zeit,
da stand's im Garten unten,
und seine ganze Herrlichkeit
war, ach, dahingeschwunden.
Die grünen Nadeln war'n verdorrt,
die Herzlein und die Kerzlein fort.

Bis eines Tags der Gärtner kam,
den fror zu Haus im Dunkeln,
und es in seinen Ofen nahm –
hei! tat's da sprühn und funkeln!
Und flammte jubelnd himmelwärts
in hundert Flämmlein an Gottes Herz.

Christian Morgenstern

Vom Sonnenstrahl und dem Schneekönig

Als der Herbst in den Himmel zurückgekehrt war, begannen die Nordwinde über die Erde zu toben. Mutter Sonne drehte den Schlüssel an der Sonnenpforte um und sagte zu ihren Kindern: „Draußen macht sich der Winter breit. Er frißt nichts lieber als kleine Sonnenstrahlenkinder. Also bleibt hinter den Wolken und wagt euch nicht vors Tor."

„Ja, Mama", sagten die Sonnenstrahlen und verzogen das Gesicht. Hinter den Wolken ist es nämlich langweilig. Nicht einmal den Mann im Mond kann man ärgern, denn der schläft den ganzen Tag und hat sich die Decke über die Ohren gezogen. Mutter Sonne winkte ihren fünfzehn ältesten Söhnen zu, die im Wohnzimmer saßen und miteinander Regentropfen wettschlecken spielten.

„Kommt", sagte sie. „Ihr seid vernünftig genug. Ihr sollt mir helfen, die Erde ein wenig warm zu halten, damit die Wurzeln nicht erfrieren und die Blumenzwiebeln schlafen können."

„Ich will auch mit!" rief der kleinste Sonnenstrahl und hängte sich an Mutter Sonnes Rock.

„Du kannst nicht!" sagte Mutter Sonne.

„Aber weine nicht. Wenn erst der Schnee fällt, werden die Kinder draußen toben. Sie werden Schlitten fahren und Eisbahnen herunterglitschen, ihre Ski anlegen und Schneeballschlachten machen. Dann dürft ihr Kleinen euch Löcher in die Wolken brennen und zuschauen. Ich versprech's. Und nun laß mich gehen, kleine Nervensäge."

Tag um Tag drückte der kleine Sonnenstrahl nun die Nase am Sonnentor platt und spähte durchs Schlüsselloch auf die Erde herunter. Er sah, wie seine Mutter sich stemmte und stark machte, um den Eiswind zu verdrängen. Er sah seine Brüder, wie sie strahlten und strahlten, um die Erde ein wenig zu wärmen. Doch solange und sooft er auch ausschaute, den Schnee, von dem die Mutter gesprochen hatte, sah er nicht.

„Warum schneit es denn nicht?" fragte er eines Morgens beim Frühstückstisch.

„Es ist zu kalt", sagte seine Lieblingsschwester.

„Die Wolken frieren zu", erklärte eine andere.

„Nein, erst muß der Winter zu schnarchen aufhören", mischte sich ein älterer Bruder ein. „Der Eiswind ist nämlich sein Atem. Je tiefer der Winter schläft und je lauter er schnarcht, desto eisiger strömt der Eiswind aus dem Mund in die Welt hinaus. Dann ist es draußen so kalt, daß die Schleusen der Wolken zufrieren und keine Schneeflocke hinaus kann."

Der kleine Sonnenstrahl wurde sehr nachdenklich. Drei Tage wartete er noch ab, ob die Mutter es wohl schaffe, den Winter aufzuwecken. Doch es wollte und wollte nicht schneien. Da beschloß der kleine Sonnenstrahl, selbst etwas zu unternehmen. Er schlich sich in die Kleiderkammer und zog sich so viele Pelze an, wie er tragen konnte. Dann öffnete er die Klappe über der Rutschbahn des Weihnachtsmannes und schlitterte in den Tag hinaus.

Übermütig tollte er quer über den Himmel und merkte kaum, wie die Zeit verging. Auf einmal blieb einer der Pelzzipfel an einem langen schwarzen Knorren hängen, der sich in den Himmel reckte. Der kleine Sonnenstrahl hatte Bäume immer nur aus der Ferne und belaubt gesehen. So erschrak er vor dem kahlen Riesen und versuchte zappelnd zu entkommen.

„Nun, nun", brummte der Baum und ließ den Sonnenstrahl verwundert zu Boden gleiten. „Bist du nicht noch etwas zu klein zum Erdewärmen?"

„Ich wärme nicht, ich suche", antwortete der kleine Sonnenstrahl. „Und zwar den Winter, also den Schneekönig, wenn du weißt, wen ich meine."

Der Baum schüttelte die Krone vor Vergnügen. „Hört euch den Naseweis an! Und was willst du dort?"

„Ihn bitten, Schnee zu schicken", sagte der kleine Sonnenstrahl. „Ich habe noch niemals welchen gesehen."

„Schnee ist etwas Feines", nickte der Baum. „Komm, Kleiner, steig ein bei mir. Weiter oben im Stamm steht eine Spechthöhle leer. Wärm dich ein wenig darin auf. Ich will sehen, was ich für dich tun kann."

Der kleine Sonnenstrahl schlüpfte dankbar in die enge Höhle. Er hatte gar nicht gewußt, wie müde er von der Reise war, und ehe er sich versah, war er schon eingeschlafen. Er erwachte von einem Brausen und spürte, wie der Baum zu schwanken begann. Ängstlich schob er sich ein wenig aus der Spechthöhle und lugte hinaus.

„Bist du der Sonnenstrahl, der zum Eispalast will?" rief ihn da eine Stimme an. Ein Gesicht mit Eiszapfen in Bart und Augenbrauen erschien zwischen den Zweigen.

„Ja", antwortete der kleine Sonnenstrahl schüchtern. „Und wer bist du?"

„Der Ostwind", kam es zurück. „Ich soll dir helfen."

„Weißt du denn, wo der Schneekönig wohnt?" fragte der kleine Sonnenstrahl.

„Wie sollte ich den Palast meines Vaters nicht kennen?" lachte der Ostwind und schob den kleinen Sonnenstrahl hinters Ohr.

„Festhalten, es geht los!"

Mit Orkangeschwindigkeit tobte der Ostwind dahin. Der kleine Sonnenstrahl schloß die Augen vor Angst. Endlich aber verlangsamte der Ostwind die Fahrt.

„Schau dich um!" sagte er. „Wir sind da."

Der Eispalast glänzte in der Sonne, als

Dezember
Februar
April

sei er aus einem Diamanten geschnitten. Zwei Schneemänner hielten am Eingangsportal Wache. Sie führten einen Eisbären an der Leine und hielten derbe Eisstöcke in der Hand. Grimmig sahen sie drein mit ihren Kohleaugen. Als der kleine Sonnenstrahl jedoch genauer hinsah, bemerkte er, daß kein Leben in ihnen war.

„Solange der König schläft, schläft auch sein Hofstaat und sein Palast", klärte ihn der Ostwind auf. „Nur Mut, kleiner Freund." Damit setzte er den Sonnenstrahl vor dem Tor ab und brauste davon, ohne einen Dank abzuwarten.

Der kleine Sonnenstrahl reckte sich auf Zehenspitzen. Keinen Millimeter kleiner hätte er sein dürfen, um den Türklopfer aus Eis am Portal zu erreichen.

Laut dröhnte es durch den Palast, doch niemand kam. Der kleine Sonnenstrahl klopfte erneut und aus Leibeskräften, bis ihm die Arme schwer wurden. Da endlich streckte jemand den Kopf durch ein Fenster über dem Portal.

„Wer da?" fragte er mit einem lauten Gähnen.

„Ich!" sagte der kleine Sonnenstrahl und trat vor. Dabei verschoben sich seine Pelze ein wenig und ließen den Sonnenkörper hervorscheinen.

„Licht, igitt!" schrie der Alte sofort und hob die Hand an die Augen. „Scher dich fort, ehe ich dich einfrieren lasse, du alberner Spinnenfinger."

Die Zipfelmütze war ihm vor Schreck über die Ohren gerutscht, und sein Bart sträubte sich wild nach allen Seiten. Das sah so witzig aus, daß sich der kleine Sonnenstrahl nicht das Lachen verkneifen konnte. Alle Angst fiel von ihm ab.

„Ich bin gekommen, den Winter zu wecken", sagte er keck. „Der Eiswind weht schon viel zu lange. Die Pflanzen erfrieren, und die Kinder langweilen sich. Soll denn gar kein Schnee mehr fallen?"

„Der Winter bin ich", rief der Alte erschrocken und warf die Zipfelmütze fort. „Wie spät ist es auf der Monatsuhr? Habe ich etwa meine Regierungszeit verschlafen?"

Hastig stieß er das Portal auf, so daß der kleine Sonnenstrahl hineinschlüpfen konnte. Dann griff er nach einem Eispikkel, wie ihn Bergsteiger benutzen, wenn sie in die höchsten Berge steigen, und schlug an seine Eiszapfenuhr. Ein Gongschlag durchbrauste die Halle, daß selbst die Schneemänner vor dem Tor davon erwachten und ihre Eisbären am Hals rissen. Gleichzeitig wurden alle Ecken, alle Winkel, alle Fenster hell. Überall glitzerte es von Eiskristallen und Eiszapfen wie in einem wunderbar schönen Spiegelsaal.

„Komm", forderte der Schneekönig den kleinen Sonnenstrahl auf und winkte ihm mit dem Zeigefinger. „Mein Schlitten ist angespannt. Die Polarfüchse warten nicht gerne im Geschirr. Wir wollen über den Himmel fahren und die Wolken auftauen. Schnee muß fallen. Wie gut, daß du mich wecken kamst."

So fuhr der kleine Sonnenstrahl mit dem Schneekönig über den ganzen Himmel. Wolke um Wolke hauchte der Alte an und stieß zuletzt mit seinem Königszepter ein Sternenmuster hinein.

„Jetzt mag er fallen, der Schnee“, sagte er zufrieden und rieb seine Hände. „Und wenn nicht jede Flocke das rechte Muster hat, will ich nicht mehr der Winter sein.“

Der Sonnenstrahl sah sich um und staunte. Hinter ihrem Schlitten begann es zu schneien, dicht und immer dichter. Zuletzt hielten sie bei der Weihnachtsmannrutsche. „Schade“, brummte der Schneekönig, „daß du wieder heim willst. So ein Sonnenstrählchen für mich allein wäre nicht schlecht.“

„Ich komm' ja mal wieder“, versprach der kleine Sonnenstrahl und stand auf. Da hielt der Schneekönig sein Zepter mit dem unteren Ende gegen die Geheimklappe der Weihnachtsmannrutsche und sperrte sie nur gerade so weit auf, daß ein dünner Sonnenstrahl sich hindurchquetschen konnte.

Als der Kleine sein Köpfchen zum Abschied noch einmal nach draußen reckte und dem Schneekönig die warme Hand entgegenhielt, legte dieser ihm eine besonders dicke Schneeflocke hinein. Wie ein wunderfeiner Stern lag sie auf der flachen Hand, ehe der Sonnenstrahl sie zur Erde tanzen ließ.

„Gut?“ fragte der Schneekönig und lächelte.

„Sehr gut!“ sagte der kleine Sonnenstrahl.

Der Tannenbaum

Draußen im Walde stand ein niedlicher kleiner Tannenbaum; er hatte einen guten Platz, Sonne konnte er bekommen, Luft war genug da, und ringsumher wuchsen viel größere Kameraden, sowohl Tannen wie Fichten. Aber der kleine Tannenbaum war nur aufs Wachsen versessen; er achtete nicht der warmen Sonne und der frischen Luft, er kümmerte sich nicht um die Bauernkinder, die da gingen und plauderten, wenn sie herausgekommen waren, um Erdbeeren und Himbeeren zu sammeln.

Oft kamen sie mit einem ganzen Topf voll oder hatten Erdbeeren auf einen Strohhalm gezogen, dann setzten sie sich neben den kleinen Tannenbaum und sagten: „Wie niedlich klein ist der!“ Das mochte der Baum gar nicht hören.

Im nächsten Jahr war er ein ganzes Ende größer, und das Jahr darauf war er wieder um einen Ansatz länger; denn bei den Tannenbäumen kann man immer an den vielen Gliedern, die sie haben, sehen, wie viele Jahre sie gewachsen sind.

„Oh, wäre ich doch so ein großer Baum wie die anderen!“ seufzte das kleine Bäumchen. „Dann könnte ich meine Zweige so weit umher ausbreiten und mit der Krone in die weite Welt hinausblicken! Die Vögel würden dann Nester zwischen meinen Zweigen bauen, und wenn der Wind weht, könnte ich so vornehm nikken, gerade wie die andern dort!“

Er hatte gar keine Freude am Sonnenschein, an den Vögeln und den roten Wolken, die morgens und abends über ihn hinsegelten. War es dann Winter und der Schnee lag ringsumher funkelnd weiß, so kam häufig ein Hase angesprungen und setzte gerade über den kleinen Baum weg. Oh, das war ärgerlich! Aber zwei Winter vergingen, und im dritten war das Bäumchen so groß, daß der Hase drum herumlaufen mußte. „Oh, wachsen, wachsen, groß und alt werden, das ist doch das einzig Schöne in dieser Welt!“ dachte der Baum.

Im Herbst kamen immer Holzbauern und fällten einige der größten Bäume; das geschah jedes Jahr, und dem jungen Tannenbaum, der nun ganz gut gewachsen war, schauderte dabei; denn die großen, prächtigen Bäume fielen mit Knacken und Krachen zur Erde, die Zweige wurden abgehauen, die Bäume sahen ganz nackt, lang und schmal aus; sie waren fast nicht mehr zu erkennen. Aber dann wurden sie auf Wagen gelegt, und Pferde zogen sie davon, aus dem Walde hinaus.

Wohin sollten sie? Was stand ihnen bevor?

Im Frühjahr, als die Schwalben und Störche kamen, fragte sie der Baum: „Wißt ihr nicht, wohin sie geführt wurden? Seid ihr ihnen nicht begegnet?"

Die Schwalben wußten nichts, aber der Storch sah nachdenklich aus, nickte mit dem Kopf und sagte: „Ja, ich glaube wohl; mir begegneten viele neue Schiffe, als ich aus Ägypten flog; auf den Schiffen waren prächtige Mastbäume; ich darf annehmen, daß sie es waren, sie hatten Tannengeruch; ich kann vielmals grüßen, die tragen ihr Haupt so hoch, so stolz!"

„Oh, wäre ich doch auch groß genug, um über das Meer hinfahren zu können. Was ist das eigentlich, dieses Meer, und wie sieht es aus?"

„Ja, das ist weitläufig zu erklären!" sagte der Storch, und damit ging er.

„Freue dich deiner Jugend!" sagten die Sonnenstrahlen. „Freue dich deines frischen Wachstums, des jungen Lebens, das in dir ist!"

Und der Wind küßte den Baum, und der Tau weinte Tränen über ihn, aber das verstand der Tannenbaum nicht.

Wenn es gegen die Weihnachtszeit ging, wurden ganz junge Bäume gefällt, Bäume, die oft nicht so groß oder so alt wie unser Tannenbaum waren, der weder Rast noch Ruhe hatte, sondern immer davon wollte; diese jungen Bäume, und es waren gerade die allerschönsten, behielten immer alle ihre Zweige; sie wurden auf Wagen gelegt, und Pferde zogen sie von dannen zum Wald hinaus.

„Wohin sollten diese?" fragte der Tannenbaum. „Sie sind nicht größer als ich, einer ist sogar viel kleiner; weswegen behalten sie alle ihre Zweige? Wohin fahren sie?"

„Das wissen wir! Das wissen wir!" zwitscherten die Sperlinge.

„Unten in der Stadt haben wir in die Fenster gesehen! Wir wissen, wohin sie fahren! Oh, sie gelangen zur größten Pracht und Herrlichkeit, die man sich denken kann! Wir haben in die Fenster geguckt, und da sahen wir, daß sie mitten in der warmen Stube aufgepflanzt und mit den schönsten Sachen, vergoldeten Äpfeln, Honigkuchen, Spielzeug und vielen hundert Lichtern geschmückt werden."

„Und dann?" fragte der Tannenbaum und bebte in allen Zweigen.

„Und dann? Was geschieht dann?"

„Ja, mehr haben wir nicht gesehen. Das war unvergleichlich schön!"

„Ob ich wohl bestimmt bin, diesen strahlenden Weg zu betreten?" jubelte der Tannenbaum. „Das ist noch besser, als über das Meer zu ziehen! Ach, wie ich

mich sehne! Wäre es doch Weihnachten! Nun bin ich hoch und entfaltet wie die anderen, die im vorigen Jahr davongeführt wurden! Oh, wäre ich erst auf dem Wagen, wäre ich doch in der warmen Stube mit all der Pracht und Herrlichkeit! Und dann? Ja, dann kommt noch etwas Besseres, noch Schöneres, warum würden sie mich sonst so schmücken? Es muß da noch etwas Größeres, Herrlicheres kommen! Aber was? Oh, ich leide, ich sehne mich, ich weiß selbst nicht, wie es mir ist!"

„Freue dich unser!" sagten die Luft und das Sonnenlicht, „freue dich deiner frischen Jugend im Freien!" Aber er freute sich durchaus nicht; er wuchs und wuchs, Winter und Sommer stand er grün; dunkelgrün stand er da; die Leute, die ihn sahen, sagten: „Das ist ein schöner Baum!" Und zur Weihnachtszeit wurde er von allen zuerst gefällt. Die Axt hieb tief durch das Mark; der Baum fiel mit einem Seufzer zu Boden, er fühlte einen Schmerz, eine Ohnmacht, er konnte gar nicht an irgendein Glück denken, er war betrübt, von der Heimat scheiden zu müssen, von dem Flecke, auf dem er emporgeschossen war; er wußte ja, daß er die lieben alten Kameraden, die kleinen Büsche und Blumen ringsumher nie mehr sehen werde, ja vielleicht nicht einmal die Vögel. Die Abreise hatte durchaus nichts Behagliches. Der Baum kam erst wieder zu sich selbst, als er im Hofe mit anderen Bäumen abgeladen war und einen Mann sagen hörte: „Der hier ist prächtig! Wir brauchen nur den!“

Nun kamen zwei Diener im vollen Staat und trugen den Tannenbaum in einen großen, schönen Saal. Ringsherum an den Wänden hingen Bilder, und bei dem großen Kachelofen standen große chinesische Vasen mit Löwen auf den Deckeln; da waren Schaukelstühle, seidene Sofas, große Tische voll mit Bilderbüchern und Spielzeug für hundertmal hundert Taler; wenigstens sagten das die Kinder. Der Tannenbaum wurde in ein großes, mit Sand gefülltes Faß gestellt, aber niemand konnte sehen, daß es ein Faß war, denn es wurde rundherum mit grünem Zeug behängt und stand auf einem großen, bunten Teppich. Oh, wie der Baum bebte! Was würde nun noch kommen? Diener und Fräulein gingen hin und wieder und schmückten ihn. An einen Zweig hängten sie kleine Netze, aus farbigem Papier ausgeschnitten, jedes Netz war mit Zuckerwerk gefüllt; vergoldete Äpfel und Walnüsse hingen herab, als wären sie festgewachsen, und über hundert rote, blaue und weiße kleine Lichter wurden in den Zweigen festgesteckt. Puppen, die leibhaftig wie Menschen aussahen – der Baum hatte so etwas noch nie gesehen –, schwebten im Grünen, und hoch oben in der Spitze wurde ein Stern von Flittergold befestigt. „Heute abend“, sagten alle, „heute abend wird er strahlen!“

„Oh“, dachte der Baum, „wäre es doch Abend! Würden nur die Lichter bald angezündet! Und was dann wohl geschieht? Ob da wohl Bäume aus dem Walde kommen, mich zu sehen? Ob die Sperlinge gegen die Fensterscheibe fliegen? Ob ich hier festwachse und Winter und Sommer geschmückt stehen werde?“

Ja, er wußte gut Bescheid; aber er hatte ordentlich Borkenschmerzen vor lauter Sehnsucht, und Borkenschmerzen sind für einen Baum ebenso schlimm wie Kopfschmerzen für uns andere.

Nun wurden die Lichter angezündet. Welcher Glanz, welche Pracht! Der Baum bebte in allen Zweigen dabei, so daß eins der Lichter das Grüne anbrannte; es sengte ordentlich.

„Gott bewahre uns!“ schrien die Fräulein und löschten es hastig aus.

Nun durfte der Baum nicht einmal beben. Oh, das war ein Grauen. Ihm war bange, etwas von seinem Staate zu verlieren; er war ganz betäubt von all dem Glanze. Da gingen beide Flügeltüren auf, und eine Menge Kinder stürzten herein, als wollten sie den ganzen Baum umwerfen, die älteren Leute kamen bedächtig nach; die Kleinen standen ganz stumm, aber nur einen Augenblick, dann jubelten sie wieder, daß es laut schallte, sie tanzten um den Baum herum, und ein Geschenk nach dem anderen wurde abgepflückt.

„Was machen sie?“ dachte der Baum. „Was soll geschehen?“ Die Lichter brannten gerade bis auf die Zweige herunter, und je nachdem sie niederbrannten, wurden sie ausgelöscht, und dann erhielten die Kinder die Erlaubnis, den Baum zu plündern.

Oh, sie stürzten auf ihn los, daß es in allen Zweigen knackte; wäre er nicht mit der Spitze und mit dem Goldsterne an der Decke festgemacht gewesen, so wäre er umgestürzt.

Die Kinder tanzten mit ihrem prächtigen Spielzeug herum, niemand sah nach dem Baume, ausgenommen das alte Kindermädchen, welches kam und zwischen die Zweige blickte; aber es geschah nur, um zu sehen, ob nicht noch eine Feige oder ein Apfel vergessen sei.

„Eine Geschichte, eine Geschichte!" riefen die Kinder und zogen einen kleinen, dicken Mann gegen den Baum hin, und er setzte sich gerade darunter, „denn so sind wir im Grünen", sagte er, „und der Baum kann nur Vorteil davon haben, wenn er zuhört! Aber ich erzähle nur eine Geschichte. Wollt ihr die von Ivede-Avede oder die von Klumpe-Dumpe hören, der die Treppe hinunterfiel und doch erhöht wurde und die Prinzessin erhielt?"

„Ivede-Avede!" schrien einige, „Klumpe-Dumpe!" schrien andere.

Das war ein Rufen und Schreien! Nur der Tannenbaum schwieg ganz still und dachte: „Soll ich gar nicht mit dabeisein, gar nichts dabei zu tun haben?" Er war ja mit dabeigewesen, hatte ja getan, was er tun sollte.

Der Mann erzählte von Klumpe-Dumpe, welcher die Treppe hinunterfiel und doch erhöht wurde und die Prinzessin erhielt.

Und die Kinder klatschten in die Hände und riefen: „Erzähle, erzähle!" Sie wollten auch die Geschichte von Ivede-Avede hören, aber sie bekamen nur die von Klumpe-Dumpe. Der Tannenbaum stand ganz stumm und gedankenvoll, nie hatten die Vögel im Walde dergleichen erzählt. „Klumpe-Dumpe fiel die Treppe hinunter und bekam doch die Prinzessin! Ja, ja, so geht es in der Welt zu!" dachte der Tannenbaum und glaubte, daß es wahr sei, weil es ein so netter Mann war, der es erzählte. „Ja, ja! Vielleicht falle ich auch die Treppe hinunter und bekomme eine Prinzessin!" Und er freute sich, den nächsten Tag wieder mit Lichtern und Spielzeug, Gold und Früchten aufgeputzt zu werden.

„Morgen werde ich nicht zittern!" dachte er. „Ich will mich recht meiner Herrlichkeit freuen. Morgen werde ich wieder die Geschichte von Klumpe-Dumpe und vielleicht auch die von Ivede-Avede hören."

Und der Baum stand die ganze Nacht still und gedankenvoll.

Am Morgen kamen die Diener und das Mädchen herein.

„Nun beginnt der Staat aufs neue!" dachte der Baum; aber sie schleppten ihn zum Zimmer hinaus, die Treppe hinauf, auf den Boden und stellten ihn in einen dunklen Winkel, wohin kein Tageslicht schien. „Was soll das bedeuten?" dachte der Baum. „Was soll ich hier wohl machen? Was soll ich hier wohl hören?" Er lehnte sich gegen die Mauer und dachte und dachte. Und er hatte Zeit genug, denn es vergingen Tage und Nächte; niemand kam herauf, und als endlich jemand kam, so geschah es, um einige große Kasten in den Winkel zu stellen; der Baum stand ganz versteckt, man mußte glauben, daß er ganz vergessen war.

„Nun ist es Winter draußen!“ dachte der Baum. „Die Erde ist hart und mit Schnee bedeckt, die Menschen können mich nicht pflanzen; deshalb soll ich wohl bis zum Frühjahr hier im Schutz stehen! Wie wohl bedacht ist das! Wie die Menschen doch so gut sind! Wäre es hier nur nicht so dunkel und schrecklich einsam! Nicht einmal ein kleiner Hase! Das war doch niedlich da draußen im Walde, wenn der Schnee lag und der Hase vorbeisprang, ja selbst als er über mich hinwegsprang; aber damals mochte ich es nicht leiden. Hier oben ist es doch schrecklich einsam.“

„Piep, piep!“ sagte da eine kleine Maus und huschte hervor; und dann kam noch eine kleine. Sie beschnupperten den Tannenbaum, und dann schlüpften sie zwischen seine Zweige.

„Es ist eine greuliche Kälte!“ sagten die kleinen Mäuse.

„Sonst ist hier gut sein; nicht wahr, du alter Tannenbaum?“

„Ich bin gar nicht alt!“ sagte der Tannenbaum, „es gibt viele, die weit älter sind denn ich!“

„Woher kommst du“, fragten die Mäuse, „und was weißt du?“

Sie waren gewaltig neugierig. „Erzähle uns doch von dem schönsten Ort auf Erden! Bist du dort gewesen? Bist du in der Speisekammer gewesen, wo Käse auf den Brettern liegen und Schinken unter der Decke hängen, wo man auf Talglicht tanzt, mager hineingeht und fett herauskommt?“

„Das kenne ich nicht“, sagte der Baum, „aber den Wald kenne ich, wo die Sonne scheint und die Vögel singen!“ Und dann erzählte er alles aus seiner Jugend, die kleinen Mäuse hatten früher nie dergleichen gehört, und sie horchten auf und sagten: „Wie viel du gesehen hast! Wie glücklich du gewesen bist!“

„Ich?“ sagte der Tannenbaum und dachte über das, was er selbst erzählte, nach. „Ja, es waren im Grunde ganz fröhliche Zeiten!“

Aber dann erzählte er vom Weihnachtsabend, wo er mit Kuchen und Lichtern geschmückt war.

„Oh!“ sagten die kleinen Mäuse, „wie glücklich du gewesen bist, du alter Tannenbaum!“

„Ich bin gar nicht alt!“ sagte der Baum; „erst in diesem Winter bin ich vom Walde gekommen! Ich bin in meinem allerbesten Alter, ich bin nur so aufgeschossen.“

„Wie schön du erzählst!“ sagten die kleine Mäuse, und in der nächsten Nacht kamen sie mit vier anderen kleinen Mäusen, die den Baum erzählen hören wollten, und je mehr er erzählte, desto deutlicher erinnerte er sich selbst an alles und dachte: „Es waren doch ganz fröhliche Zeiten! Aber sie können wiederkommen, können wiederkommen! Klumpe-Dumpe fiel die Treppe hinunter und erhielt doch die Prinzessin; vielleicht kann ich auch eine Prinzessin bekommen.“ Und dann dachte der Tannenbaum an eine kleine niedliche Birke, die draußen im Walde wuchs, das war für den Tannenbaum eine wirkliche schöne Prinzessin.

„Wer ist Klumpe-Dumpe?“ fragten die

kleinen Mäuse. Da erzählte der Tannenbaum das ganze Märchen, er konnte sich jedes einzelnen Wortes entsinnen; die kleinen Mäuse waren aus reiner Freude bereit, bis an die Spitze des Baumes zu springen.

In der folgenden Nacht kamen weit mehr Mäuse und am Sonntage sogar zwei Ratten, aber die meinten, die Geschichte sei nicht hübsch, und das betrübte die kleinen Mäuse, denn nun hielten sie auch weniger davon.

„Wissen Sie nur die eine Geschichte?“ fragten die Ratten.

„Nur die eine“, antwortete der Baum; „die hörte ich an meinem glücklichsten Abend, aber damals dachte ich nicht daran, wie glücklich ich war.“

„Das ist eine höchst jämmerliche Geschichte! Kennen Sie keine von Speck und Talglicht? Keine Speisekammergeschichte?“

„Nein!“ sagte der Baum.

„Ja, dann danken wir dafür!“ erwiderten die Ratten und gingen zu den Ihrigen zurück.

Die kleinen Mäuse blieben zuletzt auch weg, und da seufzte der Baum: „Es war doch ganz hübsch, als sie um mich herum saßen, die beweglichen kleinen Mäuse, und zuhörten, wie ich erzählte! Nun ist auch das vorbei. Aber ich werde daran denken, mich zu freuen, wenn ich wieder hervorgenommen werde.“

Aber wann geschah das? Ja, es war eines Morgens, da kamen Leute und wirtschafteten auf dem Boden; die Kasten wurden weggesetzt, der Baum wurde hervorgezogen; sie warfen ihn freilich ziemlich hart gegen den Fußboden, aber ein Diener schleppte ihn gleich nach der Treppe hin, wo der Tag leuchtete.

„Nun beginnt das Leben wieder!“ dachte der Baum; er fühlte die frische Luft, die ersten Sonnenstrahlen, und nun war er draußen im Hof. Alles ging geschwind, der Baum vergaß völlig, sich selbst zu betrachten, da war so vieles ringsumher zu sehen.

Der Hof stieß an einen Garten, und alles blühte darin, die Rosen hingen frisch und duftend über das kleine Gitter hinaus, die Lindenbäume blühten, und die Schwalben flogen umher und sagten: „Quirrevirrevit, mein Mann ist gekommen!“ Aber es war nicht der Tannenbaum, den sie meinten.

„Nun werde ich leben!“ jubelte er und breitete seine Zweige weit aus; aber ach, die waren alle vertrocknet und gelb; und er lag da zwischen Unkraut und Nesseln. Der Stern von Goldpapier saß noch oben in der Spitze und glänzte im hellen Sonnenschein. Im Hofe selbst spielten ein paar der munteren Kinder, die zur Weihnachtszeit den Baum umtanzt hatten und so froh über ihn gewesen waren. Eins der kleinsten lief hin und riß den Goldstern ab.

„Sieh, was da noch an dem häßlichen alten Tannenbaum sitzt!“ sagte es und trat auf die Zweige, so daß sie unter seinen Stiefeln knackten.

Der Baum sah auf all die Blumenpracht und Frische im Garten, er betrachtete sich selbst und wünschte, daß er in seinem dunklen Winkel auf dem Boden geblieben wäre; er gedachte seiner frischen Jugend im Walde, des lustigen Weihnachtsabends und der kleinen Mäuse, die so munter die Geschichte von Klumpe-Dumpe angehört hatten.

„Vorbei, vorbei!“ sagte der arme Baum.

„Hätte ich mich doch gefreut, als ich es noch konnte! Vorbei, vorbei!“

Der Diener kam und hieb den Baum in kleine Stücke, ein ganzes Bund lag da; hell flackerte es auf dem großen Braukessel. Der Baum seufzte tief, und jeder Seufzer war einem kleinen Schusse gleich; deshalb liefen die Kinder, die da spielten, herbei und setzten sich vor das Feuer, blickten hinein und riefen: „Piff, paff!“ Aber bei jedem Knalle, der ein tiefer Seufzer war, dachte der Baum an einen Sommerabend im Walde oder an eine Winternacht da draußen, wenn die Sterne funkelten; er dachte an den Weihnachtsabend und an Klumpe-Dumpe, das einzige Märchen, welches er gehört hatte und zu erzählen wußte – und dann war der Baum verbrannt. Die Knaben spielten im Garten, und der kleinste hatte den Goldstern auf der Brust, den der Baum an seinem glücklichsten Abend getragen: Nun war der vorbei, und mit dem Baum war es auch vorbei und mit der Geschichte auch; vorbei, vorbei, und so geht es mit allen Geschichten!

Hans Christian Andersen

Advent

Es treibt der Wind im Winterwalde
die Flockenherde wie ein Hirt,
und manche Tanne ahnt, wie balde
sie fromm und lichterheilig wird,
und lauscht hinaus. Den weißen Wegen
streckt sie die Zweige hin – bereit,
und wehrt dem Wind und
wächst entgegen
der einen Nacht der Herrlichkeit.

Rainer Maria Rilke

Max und Moritz unter dem Weihnachtsbaum

Es war am Heiligen Abend.

Die Frau mit ihren Einkaufstaschen hatte es eilig. Daheim wartete viel Arbeit auf sie. Doch so eilig sie es auch hatte, an dem alten Kanalrohr blieb sie stehen.

Immer blieb sie hier stehen.

Es war ein ziemlich löchriges, dünnes Kanalrohr. Welkes Gras wucherte in dikken Büscheln darauf. Ein Efeu machte es sich rundum bequem.

„Miez, Miez, Miez", lockte die Frau und bückte sich.

Ein schmächtiger fuchsroter Kater schob sich aus dem Rohr und sah die Frau scheu an.

Das Kanalrohr war sein Zuhause. Hier war er geboren, hier hatte er gespielt und seine erste Maus gefangen. Im Sommer war es ein wunderbar schönes Zuhause gewesen. Doch jetzt, im Winter, war es ein nasses, zugiges, kaltes Zuhause. Und hätte die Frau ihm nicht oft etwas zu fressen mitgebracht, wäre er vielleicht schon längst verhungert.

Die Frau streckte die Hand aus. „Komm!" schmeichelte sie. „Komm!"

Ihre Hand fühlte sich weich und warm an. Der kleine Kater schloß wohlig die Augen und drängte sich jedem Streicheln ganz fest entgegen.

Als die Frau fortging, sah er ihr lange nach. Sie war fast schon um die Wegbiegung verschwunden, da kam er zur Besinnung. Jeden Stein, jedes Grasbüschel als Deckung ausnutzend, lief er ihr nach.

Einmal sah die Frau sich um. „Geh nach Haus, Moritz!" rief sie und gab dem kleinen Kater ein Zeichen mit der Hand.

Moritz ging nicht nach Haus.

Als die Frau hinter einer Haustür verschwand, stand Moritz eine Weile ganz still.

Leise begann er zu rufen.

Während er lauschte, hob er seinen Schwanz steil über sich, so als ob er eine Antenne wäre, die alle Geräusche auffangen könnte. Aber er hörte nichts. Die Frau gab keine Antwort.

Da rief er lauter, fast war es ein Schreien. „Mi-au! Mau! Mau!“ Alles blieb still.

Die Kälte war jetzt so schlimm, daß Moritz sie bis in den Bauch hinein spürte. So schlimm war sie, daß er seine Scheu überwand und über den sauber gefegten Plattenweg auf das Haus zutrippelte. Er schnupperte die Türritzen ab, so hoch er sich aufrecken konnte. Sie war da drinnen, die Frau; sie und ein Hund. Er hörte und roch sie beide.

Geh jedem Hund aus dem Weg, den du nicht kennst, hatte seine Mutter ihn gelehrt. Moritz zitterte vor Angst. Aber er hatte auch Sehnsucht, Sehnsucht nach der warmen Hand der Frau.

Aus dem Briefschlitz in der Haustür roch es am stärksten nach ihr. Moritz wußte, er würde nicht fortlaufen. Er würde bleiben und warten. Und irgendwann würde die Frau kommen. Er duckte sich auf seine Füße nieder und schmiegte sich eng an den metallenen Rahmen des Briefschlitzes. So eng, daß die lose Briefklappe zum Hausflur hin nachgab und Moritz durch den Schlitz hineinrutschte.

Da saß er. Es dauerte Minuten, ehe er wagte, auf die offene Tür zum Wohnzimmer zuzuschleichen.

Die Frau stand mit dem Rücken zu ihm und hängte gerade lange, glitzernde Fäden an einen Tannenbaum. Moritz hörte ihr leises Singen.

Neben ihr stand der Hund. Er wedelte mit dem Schwanz und drehte den Kopf zwischen der Frau und ihren Glitzerfäden hin und her.

Unter dem Baum aber stand ein windschiefes Haus, nicht größer als ein Vogelhaus. Auf der einen Dachseite wuchs Moos. Über der eingesunkenen anderen Hälfte hing ein goldener Stern. Es sah aus, als leuchtete er für das mausekleine Kindchen, welches drinnen auf einem Strohpolster schlief.

Aus den Augenwinkeln erfaßte Moritz eine Bewegung des Hundes zur Wohnzimmertür hin. Er sprang, ohne nachzudenken, in den Schutz des Tannenbaumes, dessen Zweige bis auf den Fußboden reichten.

Der Hund schüttelte den Kopf. Er kratzte mit der Hinterpfote unter der Schnauze, schaute zur Wohnzimmertür zurück und wandte sich wieder der Frau zu. Moritz entspannte sich. Nur wenige Schritte neben ihm stand die Hütte mit dem stillen Kindchen.

Er reckte neugierig den Hals. Das Kindchen roch nach Holz und Farbe. Die Krallen achtsam eingezogen, tippte er es an. Er schnurrte sachte an seinem winzigen Ohr. Und als es daraufhin immer noch schwieg, legte er sich einfach zu ihm.

In der Hütte war es zwar eng, aber früher hatte Moritz mit fünf Geschwistern bei seiner Mutter geschlafen. Da war es auch eng gewesen. Eng und gut. Schnurrend kuschelte er sich jetzt zurecht und sah noch einmal das Kindchen an. Schon fielen ihm die Augen zu. Ehe er einschlief, legte er seine Vorderpfote darüber, um es zu wärmen.

Moritz erwachte vom Gefühl einer drohenden Gefahr, als sei ein Schatten über ihn gefallen.

Mit dem ersten Blick erfaßte er das bärtige Hundegesicht über sich und wußte, daß er nicht fliehen konnte. Sekundenlang starrten Hund und Kater sich an.

Moritz duckte sich. Er fauchte und hob drohend die Krallenpfote.

Aber der Hund griff nicht an. Er wußte, daß er nett zu Gästen sein sollte, auch wenn sie ihm nicht gefielen. Und dieser Gast gefiel ihm gar nicht, am liebsten hätte er dem fauchenden Eindringling die Zähne gezeigt. Doch er bellte nur.

Die Frau kam sofort.

„Was ist denn, Max?" fragte sie verwundert und bog die Tannenzweige auseinander.

Moritz sprang ihr entgegen. Mit allen Krallen klammerte er sich an ihr fest. Schmerzhaft drangen die Spitzen in die Haut.

„Du?" rief die Frau halb erschreckt, halb erfreut.

Mit sanfter Hand strich sie über den mageren Rücken des kleinen Katers, der den Hund nicht aus den Augen ließ.

Der Hund sprang winselnd an ihren Knien hoch.

Die Frau hielt Moritz mit beiden Händen. Seine Augen glühten und funkelten.

Er zuckte nur einmal zurück, als die Frau seinen Kopf dem Kopf des Hundes näherte.

Vorsichtig, ganz vorsichtig berührten sich die große und die kleine Nase.

So begann die Freundschaft zwischen Max und Moritz.

Erwartung

Die Kindlein sitzen im Zimmer –
Weihnachten ist nicht mehr weit –
bei traulichem Lampenschimmer
und jubeln: „Es schneit! Es schneit!“

Das leichte Flockengewimmel,
es schwebt durch die dämmernde Nacht
herunter vom hohen Himmel,
vorüber am Fenster so sacht.

Und wo ein Flöckchen im Tanze
den Scheiben vorüberschweift,
da flimmert's in silbernem Glanze,
vom Lichte der Lampe bestreift.

Die Kindlein sehn's mit Frohlocken.
Sie drängen ans Fenster sich dicht.
Sie verfolgen die silbernen Flocken ...
Die Mutter lächelt – und spricht:

„Wißt, Kinder, die Engelein schneidern
im Himmel jetzt früh und spät.
An Puppendecken und Kleidern
wird auf Weihnachten genäht.

Da fällt von Säckchen und Röckchen
manch silberner Flitter beiseit',
vom Bettchen manch Federflöckchen.
Auf Erden sagt man: Es schneit!

Und seid ihr recht lieb und vernünftig,
ist manches für euch auch bestellt.
Wer weiß, was Schönes euch künftig
vom Tische der Engelein fällt!“

Die Mutter spricht's. Vor Entzücken
den Kleinen das Herze da lacht.
Sie träumen mit seligen Blicken
hinaus in die zaub'rische Nacht.

Karl Gerok

Vom Schenken

Bis ins 14. Jahrhundert hinein fand das Weihnachtsfest nur in der Kirche statt. Man kam zur Messe und bestaunte das geschmückte Kirchenschiff und die Weihnachtskrippe vor dem Altar.

Höhepunkt des Festes war der Gottesdienst, der viel fröhlicher gefeiert wurde als heute. Es wurde gesungen, gebetet, und Hirtenspiele wurde aufgeführt. Jeder Erwachsene, jedes Kind trug eine Laterne oder brennende Kerze mit sich. Meist kehrte man erst in der Morgenfrühe von der Messe in der Heiligen Nacht nach Hause zurück. Dann war Weihnachten vorüber.

Martin Luther erst machte Weihnachten zum großen Tag der Kinder. Zum Andenken an das Christkind, das so arm in der Krippe gelegen hatte, führte er den Brauch ein, daß Kinder beschenkt wurden.

Zuerst waren es nur kleine Gaben, die die Kinder vorfanden: ein Teller mit Äpfeln, Nüssen und einem Geldstück darin. Spielzeug gab es selten, denn man mußte es entweder selbst anfertigen oder einem Händler abkaufen, der manchmal auf seiner Reise über Land an der Haustür anklopfte. Bargeld aber war knapp in den Häusern der Armen.

Vor hundert Jahren machte man sich zum ersten Mal ernsthaft Gedanken über Kinder, ihr Wesen und ihre Wünsche. Und man fing an, Kinder nicht mehr als zu klein geratene Erwachsene zu behandeln. Die ersten richtigen Spielzeugläden entstanden, in denen maschinell angefertigte Spielsachen zu Preisen angeboten wurden, die selbst für arme Eltern bezahlbar waren. Die lagen dann unter dem Weihnachtsbaum.

Lieblingsspielzeug waren Puppen für kleine Puppenmütter, eine schöne hölzerne Arche mit allerlei Tieren oder Zinnsoldaten für Buben.

Bücher mit schönen Bildern und Geschichten schenkte man allen Kindern.

Im Jahre 1838 führte eine berühmte „Kinderspielerei-Waren-Fabrik" in Wien schon über 2000 verschiedene Spielsachen in ihrem Angebot, und die Wunschzettel der Kinder wurden immer länger. Der Gedanke, was Weihnachten und Weihnachtsgeschenk ursprünglich bedeuten, ging dabei leider fast ganz verloren.

Christkindchen, komm in unser Haus

Christkindchen, komm in unser Haus,
leer deine große Tasche aus,
stell dein' Schimmel untern Tisch,
daß er Heu und Hafer frißt,
Heu und Hafer frißt er nicht?
Zuckerbretzel kriegt er nicht.

Volksgut

Das kleinste Wunschzettel-Englein

Es war an einem Winterabend, kurz vor Weihnachten. Den ganzen Tag hatte es geschneit, jetzt aber blies der Wind die Wolken fort. Wie ein bestickter Teppich breitete sich der Sternenhimmel im Mondlicht über die Welt.

„Es ist Zeit, die Wunschzettel abzuholen", sagte der Weihnachtmann und sah sich in der Himmelswerkstatt um. Die Vorratsregale waren reich gefüllt. Spielzeug, so weit das Auge reicht; nichts war vergessen. Und aus der Engelsküche nebenan duftete es, wie es köstlicher nicht sein konnte.

„Ja", nickte der Weihnachtsmann, „wir sind soweit. Jetzt muß nur noch alles recht verpackt und beschriftet werden, dann kann ich meinen Schlitten beladen und zur Bescherung fahren."

Auf diesen Augenblick freuten sich die kleinen Weihnachtsengel das ganze Jahr. Wie gern flogen sie in die verschneite Welt hinaus, um die Wunschzettel der Kinder in allen Häusern einzusammeln!

Rasch stellten sie sich der Größe nach in einer Reihe auf und zogen auch den allerkleinsten mit, der zum ersten Mal auf die Reise gehen sollte. Für jeden Ort in der Welt, den der Weihnachtsmann aufrief, meldete sich ein Engel und trat vor. Nur Großstädte brauchten mehrere Engel gleichzeitig. Jeder von ihnen bekam eine Posttasche und einen warmen Mantel, und dann durfte er sofort zum Wunschzetteleinsammeln losfliegen. Zuletzt kam die Reihe auch an den allerkleinsten Engel.

„Du sollst heute mein Gehilfe sein", sagte der Weihnachtsmann. „Setz dich in meine Kapuze. Da ist es weich und warm."

Wie froh war der kleine Engel, nicht allein hinaus in die Nacht fliegen zu müssen!

Eilig machte er es sich in der Kapuze bequem und schlug die Augen erst wieder auf, als der Weihnachtsmann seine Schußfahrt über die Schneewolkenberge stoppte.

„Wir sind da", hörte er den Alten brummen und schaute sich neugierig um.

Zu ihren Füßen lag ein Dorf unter der dicken Schneedecke. Sogar der Dorfbrunnen mit seiner langen Eiszapfennase hatte zu plätschern aufgehört und schien zu schlafen.

„Siehst du die Briefumschläge an den Fenstern?" fragte der Weihnachtsmann und zeigte mit dem Skistock zu einem erleuchteten Viereck.

Tatsächlich, da steckte ein rotes Kuvert mit einem gemalten Tannenzweig. „An den Weihnachtsmann in der Himmelswerkstatt" stand in großen Buchstaben darauf.

„Nimm ihn nur mit, und schieb ihn in deine Posttasche", schmunzelte der Weihnachtsmann und ließ den kleinen Engel fliegen. „Ich will inzwischen zu den Tieren in die Ställe gehen und sie nach ihren Wünschen fragen."

Da begann nun für den kleinen Engel ein eifriges Suchen und Einsammeln. Die Tasche wurde bald schwer.

Endlich war nur ein einziges Haus übrig, das hoch oben am Waldrand mit erleuchteten Fenstern ins Tal hinunter grüßte. Da der Weihnachtsmann noch nicht zu sehen war, beschloß der kleine Engel, allein hinaufzufliegen. Doch mit der vollen Tasche war das gar nicht so einfach. Kaum hatte er den Wunschzettelbrief vom Fensterbrett genommen und eingesteckt, verlor er das Gleichgewicht und purzelte in den Schnee.

Da lag er nun in seinem kurzen Mäntelchen, Haar und Augen weiß bestäubt, und die vielen Wunschzettel lagen auch dort.

Der kleine Engel hatte sich tüchtig den Fuß verstaucht, aber er achtete nicht darauf. Erschrocken begann er, die verstreuten Briefe wieder einzusammeln, und zählte jeden einzelnen mit. Immer rascher bewegten sich seine Lippen. Er zählte noch einmal und noch einmal, die Wangen glühten schon heiß – doch ein Brief blieb verschwunden.

Der kleine Engel brach in Tränen aus. An das Kind dachte er, das nun kein Geschenk bekommen würde, und wie zornig wohl der Weihnachtsmann wäre. So bang klang das Weinen, daß selbst einem Schneemann, den die Kinder gebaut hatten, das eisige Herz vor Mitleid zu pochen begann.

„Kohlestücke, Augen mein,
leuchtet hell dem Englein klein",

brummte er und ließ den Schein seiner plötzlich feurig glühenden Augen über den verschneiten Garten huschen.

Der kleine Engel war zuerst erschrokken, als der weiße Geselle im Mondschein lebendig wurde. Als er jedoch merkte, daß dieser nur helfen wollte, klatschte er vor Freude in die Hände und rief: „Heller, heller, lieber Schneemann!"

Doch die Augen aus Kohlestückchen

waren zu klein, um stärker zu leuchten. Da sammelte der Schneemann alle Kraft, die ihm war, und brummte erneut:

„Kerzenstummel, werde Licht,
flamme auf mir im Gesicht.“

Und sofort flackerte eine Kerzenflamme aus dem roten Weihnachtslicht, das die Kinder ihm als Nase gegeben hatten.

Da endlich sah der kleine Engel den verlorenen Brief in einer Schneemulde liegen. Mit einem Freudenruf schob er ihn in die Posttasche zurück und schlang die Arme um den weißen Freund. „Wie soll ich dir nur danken?“

Der Schneemann lächelte im Schein des schnell kürzer werdenden Kerzenstummels. „Ich habe dir zu danken, kleiner Engel. Du hast ja mein Herz aus Eis erwärmt“, sagte er.

„Trotzdem wollen wir dir danken“, mischte sich der Weihnachtsmann ein, der all das schon lange unbemerkt beobachtet hatte und nun aus dem Schatten trat. „Ohne dich wäre ein Kind sehr unglücklich geworden.“

Während der Schneemann verlegen schwieg, nahm der Weihnachtsmann den kleinen Engel auf den Arm und strich ihm die Locken aus dem verweinten Gesicht. „Fürs erste Mal hast du deine Sache gut gemacht“, murmelte er. „Aber ich sehe doch, daß ein so unerfahrenes Dingel-

chen wie du nicht ohne Hilfe durch die Nacht fliegen und Wunschzettel einsammeln kann."

Der kleine Engel wurde rot. Doch weil der Weihnachtsmann so freundlich schaute, faßte der Kleine sich ein Herz und sagte: „Vielleicht könntest du dem Schneemann erlauben, von nun an immer dem allerkleinsten Wunschzettel-Engel bei der Arbeit zu helfen?"

Der Weihnachtsmann strich sich den Bart. „Hm", brummte er, „keine schlechte Idee. Fragt sich nur, was der Schneemann dazu meint."

Der konnte jedoch vor Glück und Aufregung kein Wörtchen sagen. Nur Augen und Nase blinkten, und das war Antwort genug. Und als der Weihnachtsmann mit dem kleinen Engel in der Kapuze seine Ski zum Himmelstor zurücklenkte, da rollte eine dicke weiße Schneewalze die Spur für ihn glatt und war noch schneller im Himmel verschwunden als der gute Alte selbst.

Martin

Martin sah sich verstohlen um. Sein Herz hämmerte gegen die Rippen, und er wußte, daß seine Wangen hochrot waren. Aber niemand schien auf ihn zu achten. „Jetzt!" dachte er und fühlte im nächsten Augenblick die große Parfümflasche an seiner Brust, die er eben noch in der Hand gehalten hatte. Hastig schloß er den Anorak.

Plötzlich tippte jemand von hinten auf seine Schulter. Martin gefror innerlich. „Erwischt!" dachte er, als er sich umdrehte.

„Leg die Flasche lieber wieder zurück!" sagte eine brüchige Altfrauenstimme, und dabei schloß sich eine magere Hand um seinen Arm.

Wortlos nestelte Martin die Flasche hervor. „Ich hätte schon bezahlt", maulte er, als er sie ins Regal zu den anderen stellte.

Die Frau lächelte leicht. „Ich würde dir vielleicht glauben", meinte sie, „aber der Ladendetektiv auch?"

„Was wollen Sie jetzt machen?" stieß Martin hervor.

„Nichts, mein Junge", antwortete die Frau. „Ich möchte nur, daß du mir beim Einkaufen behilflich bist. Es könnte sonst sein, daß du dein Glück noch einmal versuchst."

Martin stand trotzig vor ihr und rührte sich nicht.

„Willst du deiner Mutter zum Weihnachtsfest eine Anzeige wegen Ladendiebstahls schenken?"

Das war schlimmer als eine Ohrfeige. Tränen schossen in Martins Augen. „Natürlich nicht", krächzte er und nahm den fremden Einkaufskorb.

Zuerst lief er stumm neben der Frau her. Dann sagte er: „Die anderen haben alle so klasse Geschenke für ihre Mutter.“ Ein Blick aus den wäßrigen Augen der Frau streifte sein Gesicht, aber er bekam keine Antwort. „Ich hab' noch nie gestohlen, wirklich“, beteuerte Martin hastig. „Aber seit Vati gegangen ist, krieg' ich kein Taschengeld mehr.“

„Ja, und?“ lächelte die Frau. „Muß man Geschenke unbedingt kaufen?“

„Ach, das andere ist doch alles nichts“, rief Martin und machte eine wegwerfende Handbewegung.

„Ich hatte ihr ein Bild gemalt. In der Schule, wissen Sie. So eins mit Tannenbäumen und Schnee. Erst gefiel es mir ja auch ganz gut.“ Er verstummte wieder und bohrte die freie Hand in seine Jakkentasche. „Nachher ist mir dann eingefallen, daß bei uns zu Hause schon überall solche Bilder an den Wänden hängen und

daß Mutti sich über eins mehr bestimmt nicht richtig freuen kann."

„Und da hast du beschlossen, einfach etwas zu stehlen", ergänzte die Frau. Sie hielt in ihrem Schritt inne und drehte sich zu Martin um. „Jetzt habe ich genug eingekauft. Trag mir doch bitte den Korb heim, ja?" Martin nickte ergeben.

Es war nicht weit bis zur Wohnung seiner neuen Bekannten.

„Komm rein", forderte sie ihn auf. „Setz dich. Ich koche uns eine Schokolade."

Martin nahm in einem der riesigen Ohrensessel Platz und hörte in der Küche das Geschirr klappern. „Ich bin übrigens Frau Ott", sagte die alte Frau, als sie zwei Tassen hereinbrachte. „Und wie heißt du?"

Martin stellte sich linkisch vor.

„Also gut, Martin", nickte Frau Ott nachdenklich und setzte sich zu ihm. „Du hast mir von deinen Sorgen erzählt, jetzt will ich dir auch etwas erzählen." Sie sah ein Weilchen zu Boden. „Ich war einmal verheiratet und hatte auch einen Sohn", fuhr sie schließlich fort. „Wir waren eine sehr glückliche Familie. Dann kam der Krieg. Mein Mann wurde Soldat und fiel an der Front. Mein Sohn wurde wenig später bei einem Fliegerangriff unter den Trümmern eines Hauses begraben. Ich hatte meine Familie verloren. Doch eines Tages fand ich in einem Buch, das zufällig über den Krieg hinaus erhalten geblieben war, ein Gedicht. Mein Sohn hatte es einmal für mich zum Geburtstag abgeschrieben und ein paar Blumen dazu gemalt. Die Erinnerung stürmte nur so auf mich ein. Wieviel Zuneigung, wieviel Glück und Lachen hatte ich damals jeden Tag ohne Frage empfangen, und ich hatte nie bedacht, wie reich ich war. Nun wurde mir klar, daß kein Geld der Welt mir diesen Schatz neu erwerben könnte."

Martin war ganz still geworden. Unvermittelt hob er den Kopf und sah Frau Ott lange prüfend an. „Danke", sagte er. „Für die Schokolade und alles. Vielleicht besuchen Sie uns ja auch mal?" Er stellte die Tasse ab und stand auf.

Frau Ott nickte. „Zeigst du mir dann das Bild?"

„Ja", sagte Martin, „bestimmt." Und dann hatte er es plötzlich sehr eilig.

Zwei warten aufs Christkind

Es war Weihnachtsabend und klirrend kalt. Schnee hatte die Welt unter einer Kuscheldecke zur Ruhe gebettet, und Eisblumen wuchsen auf den Fensterscheiben.

Fritz und Fienchen saßen an ihrem Lieblingsplatz, einem riesigen Wäschekorb.

„Wer die schönste Lachgeschichte erzählt, darf als erster seine Geschenke auspacken", sagte Fienchen gerade.

„Jetzt haben wir schon alle Weihnachtslieder gesungen, die wir kennen, jede Menge Gedichte aufgesagt", murrte Fritz. „Ich halt's einfach nicht mehr länger aus, dieses Warten."

„Ach", meinte Fienchen und zupfte Fritz am Ohr, „nachher ist alles so schnell vorbei. Laß uns doch die Vorfreude richtig auskosten!"

„Meinetwegen", seufzte Fritz und lehnte sich in den Weidenkorb zurück. „Aber du erzählst zuerst."

Fienchen hatte schon so etwas geahnt.

„Kennst du die *Geschichte von der Strickliesel aus der Zählmustergasse in Zweilinkszweirechtsingen?*“

Fritz schüttelte verwundert den Kopf. „Wer ist das denn?“ fragte er.

„Also“, begann Fienchen zu erzählen, „es war am 1. Advent. Damals war die Strickliesel ein Mädchen von zehn oder so. Sie hieß auch noch ganz normal Elisabeth Stricker und hatte bis zu diesem Nachmittag von Strickzeug nur gewußt, daß ihre Oma eins hatte.

‚Du liebe Zeit, wie du dich langweilen kannst!‘ sagte ihre Mutter an diesem Nachmittag so oft zu ihr, daß es sich anhörte, als wenn eine Schallplatte kaputt ist und immer wieder an derselben Stelle hängenbleibt. ‚Hast du denn gar nichts, womit du dich beschäftigen kannst?‘

Das Mädchen Elisabeth hatte nur den Kopf geschüttelt und eine Schnute gezogen.

‚So‘, sagte ihre Mutter irgendwann. ‚Jetzt komm mal her. Jetzt zeig' ich dir, wie Stricken geht. Dann hast du doch wenigstens etwas zu tun. Und etwas Nützliches obendrein.‘

Sie nahm ein Knäuel weißer Wolle aus dem Korb, zwei Nadeln dazu, und dann ging's los.

Maschenanschlag, wie man den Faden um den einen, immer gestreckten Zeigefinger und unter dem anderen, immer krummen kleinen Finger durchschlingt, wie man mit der einen Nadel den Faden durch eine Masche angelt, die dauernd von der anderen Nadel runterkullern will – alles, alles zeigte sie Elisabeth. Der weiße Wollfaden wurde ein bißchen grau dabei. Später, als Elisabeth allein weiterstrikken sollte, wurde er sogar ziemlich gräulich. Und bis der Topflappen fertig war, war die Wolle fast einheitlich schwarz.

‚Macht nichts‘, sagte die Mutter. ‚Topflappen sind sowieso dauernd schmutzig oder angesengt. Strick mir am besten gleich einen zweiten dazu.‘

‚Ich hab' aber keine Lust mehr‘, maulte Elisabeth. ‚Ich möchte viel lieber einen Hund als immer dieses doofe Stricken.‘

‚Du mit deinem Hund!‘ rief die Mutter. ‚Dann strick dir doch einen, verflixt noch mal!‘

Elisabeth stand erst ein Weilchen in der Küche rum und nagte an ihrer Unterlippe.

‚Also gut‘, sagte sie dann.

Sie suchte sich Wolle aus Mutters Strickkorb aus, weiße und graue und ein Restchen schwarze. Diesmal hatte sie den Dreh mit dem Maschenschlag und der Abstrickerei gleich raus. Sie strickte und strickte. Gegen Spätnachmittag war der Hund fertig. Er sah aus wie selbstgestrickt, ein bißchen von jeder Rasse. Und er hatte nur einen Stummelschwanz.

‚Warte, ich stricke dir eine Pudelmütze‘, sagte Elisabeth zu ihm. ‚Dann bist du ein Pudelhund.‘

Als die Mütze fertig war, sagte der Hund: ‚Das ist alles gut und schön. Aber wenn ich ein Pudel sein soll, wo sind meine Locken? Mir ist kalt, wenn du verstehst, was ich meine.‘

Da strickte Elisabeth ihm einen Mantel. Und weil ihr Hund ja wohl auch einmal Gassi gehen würde, gleich noch eine Lei-

ne, einen Maulkorb, falls er mal bissig wäre, und ein Paar besonders wasserfeste Schuhe dazu.

Sie nahm gerade die Maschen des linken Schuhs ab, da machte es über ihr ‚Petsch!', und die Glühbirne war hin. ‚So was Dummes!' rief Elisabeth. ‚Wo ich gerade so gut drin bin!' Und klipper-klapper strickte sie sich eine neue Glühbirne. Eine mit Superglühfaden gegen Durchbrennen.

Natürlich sieht eine gestrickte Glühbirne nur in einer passenden Lampe richtig gut aus. Und wenn erst einmal Glühbirne und Lampenschirm passend sind, kann man es mit normalen Möbeln und Bildern an den Wänden überhaupt nicht mehr aushalten. Elisabeth strickte und strickte. Sie kam kaum noch vor die Haustür.

Neulich habe ich gehört, daß sie sich jetzt einen Freund strickt. Einen geringelten, aus Resten."

„Ha, ha", lachte Fritz und schlug sich auf die Schenkel. „Die Geschichte war richtig gut, Fienchen. Aber paß auf, ich bin auch nicht schlecht."

Fienchen nahm einen Schluck Wasser, denn der Mund war vom vielen Reden trocken geworden. „Gelobt wird später", sagte sie. „Jetzt bist du an der Reihe."

„Es war kurz vor der Heiligen Nacht", fing Fritz an und warf den Päckchen unter dem Weihnachtsbaum einen sehnsüchtigen Blick zu, „da pochte einmal ein Wandersmann an die Tür einer einsam gelegenen Herberge. Der Wirt öffnete. ‚Was gibt's?' fragte er unfreundlich.

‚Habt Ihr ein Zimmer für mich und etwas Gutes zwischen die Zähne?' fragte der Wandersmann und schob den Wirt einfach beiseite.

‚Etwas zu essen ist gleich bereit', sagte dieser und schloß die Tür hinter seinem einzigen Gast. ‚Mit dem Zimmer aber wird es nichts.'

‚Nanu?' Der Wandersmann legte Mantel und Kappe ab. ‚Kein Zimmer in einem so großen Haus?'

‚Zimmer gibt es genug', gab der Wirt zurück. ‚Aber es spukt darin, wenn die Rauhnächte fallen. Ich kann Euch keines vermieten, denn es gilt Euer Leben.'

‚Unsinn!' lachte der Gast. ‚Wenn es weiter nichts ist. Seid unbesorgt, Herr Wirt, den Spuk wollen wir schon kriegen. Und nun aufgefahren, was Keller und Küche bieten.'

Als der Wandersmann sich satt gegessen hatte, leuchtete ihm der Wirt zu einer sauberen Kammer hinauf und ließ ihm eine Kutscherlaterne mit Kerzen da. ‚Die bläst so rasch kein Windstoß aus', murmelte er, schlug das Kreuz über den Gast und ging.

Der sah sich in der Kammer um. Das Bett war fest und frisch bezogen. Das Wasser im Krug auf dem Waschtisch duftete nach Lavendel und Rosmarin. Und als der Wandersmann sein scharfes Messer auf den Nachttisch gelegt und es sich in den Kissen bequem gemacht hatte, fühlte er sich so recht von Herzen wohl.

‚Nun laß kommen, was kommen mag', sagte er sich und schloß die Augen.

Ein paar Stunden mochten vergangen sein, als ein Geräusch ihn weckte. Er tat,

als ob er schliefe, und öffnete die Augen nur gerade weit genug, um zu sehen, was geschah. Eine schöne Frau mit langem blondem Haar trat herein. Sie hielt Zaumzeug und Gerte in der Hand und zäumte den reglos daliegenden Wandersmann wie ein Pferd zum Reiten auf. Dann stieß sie ihn aus dem Bett, schwang sich auf seinen Rücken, gab ihm die Sporen und schlug ihm mit der Gerte eins über. Ehe der Wandersmann begriff, wie ihm geschah, war er ein Pferd geworden und sprengte im Galopp auf und davon, in die Nacht hinaus.

Über Berge und Täler ging es hoch durch die Luft, bis endlich ein Schloß vor ihnen aus den Wolken stieg. Da band die Frau ihr Pferd fest, sprang von seinem Rücken und eilte zum Schloßtor hinein. Der Wandersmann, nicht faul, riß das Zaumzeug herunter und lief der Frau hinterher.

Da sah er sie in einer Halle vor einem König knien, dessen Beine sie umschlungen hielt, und hörte sie rufen:

‚Liebster Vater mein, verzeiht! Stürzt mich nicht in neues Leid. Nehmt den bösen Fluch von mir, und laßt mich für immer hier.‘

Der alte König aber zeigte ein böses Gesicht, schob die Tochter fort und kehrte ihr den Rücken zu.

‚Den Prinzen hast du betrogen, den ich dir wählte zum Mann, den König hast du belogen, der nicht verzeihen kann. Bricht mir armem Vater der Schmerz auch eines Tages das Herz, den Fluch kann der nur wenden, aus dessen starken Händen du deinen letzten Streich erhältst.‘

Die Königstochter stand traurig auf. ‚Auf Wiedersehen, Vater‘, sagte sie und küßte dem König die Hand. ‚Vielleicht seid Ihr weniger hart im nächsten Jahr.‘

Der Wandersmann sprang vom Fenstersims, wo er alles belauscht hatte. So schnell ihn seine Beine trugen, rannte er an seinen Platz zurück, warf sich das Zaumzeug über und stand als Pferd bereit, als wäre er nie fort gewesen.

Kurz darauf kam die schöne Königstochter, schwang sich auf seinen Rücken und wollte anreiten. Diesmal hatte sie die Rechnung aber ohne den Wandersmann gemacht. Er tat einen Sprung in die Luft, schlug mit allen vier Füßen gleichzeitig aus und zog dabei einen solchen Katzenbuckel, daß die Königstochter ach und weh schrie. Zuletzt warf er sie von seinem Rücken und stellte einen Vorderhuf auf ihre Brust.

‚Liebes Pferdchen, laß mich leben, ich will dir auch viel Hafer geben', rief die Königstochter.

Der Wandersmann wieherte nur vor Lachen und riß sich das Zaumzeug ab. ‚Jetzt wollen wir doch einmal die Rollen tauschen', sagte er. ‚Jetzt bist du das Pferd, und ich werde reiten.'

Und ehe die Königstochter sich wieder vom Boden aufrappeln konnte, war sie in eine schöne Schimmelstute mit langer goldener Mähne verzaubert.

Vergnügt stieg der Wandersmann auf ihren Rücken und schlug ihr mit der Gerte auf die linke Hinterbacke. Sofort begann die Stute zu galoppieren.

Unterwegs wurde der Wandersmann übermütig und schlug ihr auch auf die rechte Hinterbacke. Da wuchs aus dem Pferdekopf ein Drachenkopf, der dem Wandersmann Feuer ins Gesicht spie.

‚He, hallo, haben wir so gewettet?' schrie der und schlug den Drachenkopf

mit seinem scharfen Messer ab. Sofort wuchsen drei neue Drachenköpfe aus dem Halsstumpf, und der Pferdeleib verwandelte sich in einen schuppigen Drachenschwanz. Der Wandersmann sprang eilig ab und wollte fliehen. Doch da flatterte ein Vogel aus einem Baum und schrie: ‚Nur Mut! Hau zu! Du wirst es nicht bereuen!‘

Der Mann packte seinen Dolch fester und sah dem feuerschnaubenden Drachen entgegen. Den ersten Kopf schlug er mit der linken Hand herunter, den zweiten mit der rechten. Der dritte Kopf aber spie so lange Feuerzungen, daß ihm der Mut sank. In diesem Augenblick fiel ein ganzer Vogelschwarm in den Baum ein, unter dem der Kampf stattfand. Jeder Vogel aber ließ einen Schnabel voll Blätter über den Drachen regnen, bis dieser nichts mehr erkennen konnte.

‚Schlag zu!‘ schrie der kleine Vogel wieder. ‚Schlag zu!‘

Da holte der Wandersmann kräftig aus und trennte auch den dritten Drachenkopf vom Rumpf. In diesem Moment gab es einen gewaltigen Donnerschlag, und Blitze zuckten über den Himmel. Als der Mann wagte, seinen Kopf unter dem Mantel hervorzuheben, stand eine wunderschöne Prinzessin vor ihm und reichte ihm dankbar die Hand.

‚Du hast mich erlöst‘, sagte sie. ‚Du bist der, aus dessen starker Hand ich den letzten Streich erhielt.‘

‚Aber der Drache‘, stotterte der Wandersmann, ‚und die vielen Vögel?‘

‚Der Drache war ich‘, lächelte die Prinzessin. ‚Der kleine Vogel aber ist mein Prinz, dem ich vor langen Jahren mein Jawort gebrochen habe. Und die anderen Vögel sind seine Untertanen, mit denen er dir und mir zu Hilfe kam.‘ Bei diesen Worten zog sie einen Ring von ihrem Finger und steckte ihn dem Wandersmann an die Hand. ‚Sooft du ihn drehst, will ich dir helfen, wie du mir geholfen hast‘, sagte sie und drehte sich um.

‚Halt, wohin gehst du?‘

Der Wandersmann wollte ihr nachlaufen, doch da stieß er mit dem Kopf gegen ein Brett und fand sich in seiner Kammer wieder.

Die Sonne stand am Himmel, und zum Fenster schaute ein Vogel herein, der sah genauso aus wie der Prinz der vergangenen Nacht. Gleich darauf klopfte es an die Tür, und der Wirt trat ein. ‚Gott sei's gedankt, daß Ihr noch am Leben seid!‘ rief er. ‚Die anderen vor Euch liegen alle unter der Erde.‘

‚Wenn Ihr mich nicht verhungern laßt, will ich Euch erzählen, was mir heute geträumt hat unter Eurem Dach‘, lachte der Gast und schwang seine Beine aus dem Bett.

Plötzlich aber wurde er blaß. Es steckte ja ein Ring an seinem kleinen Finger, der zuvor nicht dagewesen! War alles doch kein Traum gewesen?

‚Ist etwas mit Euch, lieber Herr?‘ fragte der Wirt und griff seinem Gast unter die Arme.

Dieser schüttelte jedoch den Kopf. ‚Nein, nein‘, sagte er, indem er zur Probe den Fingerring drehte und sich wünschte, unten in der Gaststube ein feines Mahl und in seiner leeren Geldkatze ein Goldstück zu finden, um später dem Wirt die Zeche zu bezahlen. ‚Laßt uns nur hinuntergehen. Wer weiß, was der Morgen noch alles für uns bereithält', sagte er.

Als sie aber die letzte Treppenstufe erreichten und einen Blick in die Gaststube werfen konnten, verschlug es beiden die Sprache. Der Tisch war ihnen reicher gedeckt als dem mächtigsten König, und dazu begann eine feine Musik zu spielen, die von überall und nirgends zu klingen schien.

‚Kommt, Herr Wirt, heute seid Ihr mein Gast', lachte der Wandersmann endlich und nahm Platz.

Den Ring an seinem Finger drehte er noch so manches Mal, und alles gelang ihm wohl im Leben. Als er aber merkte, daß Gott ihn bald zu sich in den Himmel nehmen würde, fuhr er hinaus aufs Meer und warf den Ring an die tiefste Stelle. Dort glitzert er bis heute und wartet auf den, der ihn findet."

„Huh!" meinte Fienchen, als Fritz schwieg, „das war ja unheimlich und gar nicht zum Lachen." Sie schüttelte sich.

„Tja", rief Fritz vergnügt und reichte Fienchen ihr erstes Päckchen zum Auspacken, „das war mein Trick! Wetten, daß dir sonst wieder etwas Neues eingefallen wäre, um die Vorfreude zu verlängern?"

O Jesulein zart

O Jesulein zart, das Kripplein ist hart.
O Jesulein zart, wie liegst du so hart!
Ach schlaf und tu die Äugelein zu!
Ach schlaf und gib uns ewige Ruh'!
O Jesulein zart, das Kripplein ist hart.
O Jesulein zart, wie liegst du so hart!

Schlaf, Jesulein, wohl,
nichts hindern dich soll!
Ochs, Esel und Schaf sind alle im Schlaf.
Ach schlaf und tu die Äugelein zu!
Ach schlaf und gib uns ewige Ruh!
Schlaf, Jesulein, wohl,
nichts hindern dich soll!
Ochs, Esel und Schaf sind alle im Schlaf.

Dir Seraphim singt
und Cherubim klingt.
Viel Engel im Stall, die wiegen dich all.
Ach schlaf und tu die Äugelein zu!
Dir Seraphim singt und Cherubim klingt.
Viel Engel im Stall, die wiegen dich all.

Nichts mehr sich bewegt,
kein Mäuslein sich regt.
Zu schlafen beginnt das herzliebe Kind.
Nun schlaf und tu die Äugelein zu!
Nun schlaf und gib uns ewige Ruh!
Nichts mehr man dann singt,
kein Stimmlein erklingt.
Schlaf, Jesulein zart, von göttlicher Art!

Anfang des 17. Jahrhunderts

Ihr Hirten erwacht!

Ihr Hirten erwacht!
Seid munter und lacht!
Die Engel sich schwingen
vom Himmel und singen:
Die Freude ist nah,
der Heiland ist da.

Ihr Hirten, geschwind!
Kommt, singet dem Kind!
Blast in die Schalmeien,
sein Herz zu erfreuen!
Auf, suchet im Feld
den Heiland der Welt!

Sie hörten das Wort
und eilten schon fort.
Sie kamen in Haufen
im Eifer gelaufen
und fanden da all
den Heiland im Stall.

Die kannten geschwind
das himmlische Kind.
Sie fielen darnieder
und sangen ihm Lieder
und bliesen dabei
die Pfeif' und Schalmei!

Volksgut

Der kleine Sternputzer

Es war bitter kalt geworden. Der kleine Engel rieb seine Flügel fröstelnd aneinander.

„Muß ich heute wirklich hinaus und die Sterne blank reiben?" fragte er den Erzengel Gabriel.

Verwundert wandte dieser sich um. „Weißt du nicht, daß heute Christnacht ist? Soll etwa der Himmel dunkel bleiben, wenn auf der Erde alle Lichter brennen?"

Der kleine Engel senkte den Kopf. „Aber mir ist kalt."

Der Erzengel schob seine nackten Zehen durch den Wolkenvorhang am Himmelstor. „Stimmt!" brummte er verwundert. „Die Luft ist zu kalt für Hosenmätze wie dich."

Prüfend sah er den kleinen Engel an und hob sein Flammenschwert wie eine Fackel, um besser sehen zu können. „Bist du nicht sowieso noch reichlich winzig zum Sterneputzen?" meinte er dann.

Der kleine Engel reckte sich auf die Zehenspitzen. „Nein, wieso?"

Gabriel, der Erzengel, schmunzelte. Langsam zog er den eigenen Umhang vom Brustharnisch. „Da, nimm, Dreikäsehoch", sagte er. „Aber daß du ihn ja nicht schmutzig machst."

Der kleine Engel strahlte vor Freude. Eilig warf er den warmen Mantel um sich und stapfte los. Der Erzengel ließ sein Schwert über den dunklen Himmel flammen, daß der Lichtschein eine Brücke bis zu den ersten Sternen schlug.

„Und nicht vergessen", rief er dem kleinen Engel nach, „dreimal klopfen, wenn du fertig bist!"

Doch der kleine Engel hörte gar nicht mehr zu. Wie ein funkelnder Teppich breiteten sich die Sterne vor seinen Füßen aus, und gleich Abermillionen Glühwürmchen schimmerte es von der Erde aus der Nacht herauf. Der Erzengel hat recht, dachte er, die Erde will heute mit uns um die Wette leuchten. Eifrig zog er sein Sternputztuch aus dem Täschchen an seinem Gürtel und begann, die goldenen Sternspitzen abzureiben. Wenn ein Stern im neuen Glanz strahlte, nahm der kleine Engel Anlauf, breitete seine Flügel und den Mantel aus und hüpfte zum nächsten. Das machte Spaß. Trotzdem aber war der kleine Engel ein wenig unzufrieden.

„Die größeren Engel haben's gut", murmelte er leise für sich. „Dürfen dem Weihnachtsmann helfen, zugucken, wie die Kinder sich freuen; alles. Und ich? Sterneputzen!"

Der Mantel des Erzengels war viel zu

lang für den kleinen Engel. Bei jedem Trippelschritt schleifte er durch den Sternenstaub und wurde schwer und schwerer davon. Plötzlich fuhr ein Windstoß über den Himmel. Wie ein Segel blies er den Mantel auf. Der kleine Engel schrie erschrocken. Mit beiden Händen klammerte er sich an einer Sternenzacke fest. Aber der Wind hatte leichtes Spiel mit einem Engelchen, das kaum mehr als einen halben Meter maß und weniger als eine Handvoll Eiderdaunen. Er pustete es über sich, wirbelte es lustig herum, fing es wieder und ließ es endlich sacht zur Erde schweben. „Was soll das?" rief der kleine Engel. „Laß den Unsinn!"

Doch der Wind lachte nur und tanzte davon.

Dem kleinen Engel blieb gerade noch Zeit, den Mantel Gabriels zurechtzuzupfen, da legte sich eine Hand von hinten auf seine Schulter, und eine fröhliche Stimme sagte: „Na, endlich! Wir warten schon auf dich. Komm, wir haben gleich unseren Auftritt."

Der kleine Engel mußte mitlaufen, ob er nun wollte oder nicht. Die Hand an seinem linken Flügel gehörte zu einem Jungen, der ein merkwürdiges langes Gewand und einen krummen Stab trug. „Kannst du deinen Text?" fragte der Junge.

Der kleine Engel nickte. Er wußte zwar nicht, was das war, ein Text, doch er dachte, einer, der Gabriels Mantel tragen durfte, werde schon zurechtkommen.

Endlich blieb der fremde Junge mitten auf dem Marktplatz stehen. Ein wunderbar schöner Tannenbaum wuchs dort, der breitete seine Äste über eine arme Hütte, und der Widerschein seiner Kerzen spiegelte sich in den Augen vieler Menschen ringsum. Neugierig trat der kleine Engel auf die Hütte zu. „Mutter Maria", wisperte er und berührte die junge Frau im blauen Gewand an ihrem langen Haar, „ja, bist du denn auch vom Himmel gefallen?"

Die junge Frau warf ihm einen Blick zu, daß der kleine Engel erschrocken zurückwich. „Pst!" zischte sie. „Du bist noch nicht an der Reihe. Warte auf deinen Einsatz!"

Nein, dachte der kleine Engel verwirrt, sie ist es nicht. Und dann entdeckte er IHN. Winzig und nackt lag er starr vor Kälte in einem Holzkistchen, die kleinen Fäuste geballt und die Augen weit aufgerissen.

Dem kleinen Engel war zumute, als müßten alle Sterne vom Himmel stürzen, um den Herrn der Welt zu wärmen. Aber nichts geschah. Da sprang er selbst mit einem Mal auf das Christkind zu, riß es an sich, schlug den Mantel des Erzengels um sie beide und flog und rannte mit seinem kostbaren Raub davon.

Im ersten Schreck ließen die Krippenspieler ihn gewähren, hob sich keine Hand, ihn festzuhalten. Dann aber brach ein Tumult los, dem der kleine Engel nur entkam, weil er zu flink und zu leicht für Menschen war.

Schwer atmend blieb er endlich in einer Mauernische stehen. Erst jetzt spürte er, wie müde er war. Das Christkind ruhte warm an seinem Herzen, und der Sternenstaub aus Gabriels Mantelsaum wob einen goldenen Schein um ihre Köpfe, als der kleine Engel die Augen schloß.

Er erwachte von einem Singen. „Josef, lieber Josef mein“, klang es, „hilf mir wiegen mein Kindelein.“ Und als der kleine Engel aufschaute, erkannte er ein Mädchen neben sich, das streichelte das soeben erst gerettete Christkind.

„Her damit!“ wollte der kleine Engel rufen und sprang auf, das Wunder der Heiligen Nacht zu schützen. Das Mädchen jedoch lächelte ihn an.

„Nicht wahr“, sagte sie glücklich und glättete ihren viel zu dünnen, viel zu kurzen, viel zu oft geflickten Rock. „Nicht wahr, dich hat das Christkind zu mir geschickt, weil mich der Weihnachtsmann vergessen hat?“

Der kleine Engel zögerte.

„Ich hab' gewartet und gewartet“, sagte das Mädchen, und vor dem inneren Auge des kleinen Engels tauchte eine arme Stube mit einem Tannenbaum auf. Eine einzige Kerze brannte daran, während die Mutter das letzte Holzscheit in die Ofenglut schob. „Glaubst du, er kommt noch?“ hörte er das Mädchen fragen. Er sah, wie es mit dem Finger ein Loch in die Eisblumen am Fenster schmolz, um besser in die Nacht spähen zu können. „Er muß den Wunschzettel doch bekommen haben, Mama. Oder meinst du, es war keine Puppe für mich in der Himmelswerkstatt übrig?“

Die Mutter antwortete nicht, denn das Herz tat ihr weh, weil sie zu arm war, eine Puppe zu kaufen. Der kleine Engel las es in ihren Gedanken.

Seufzend hob er jetzt den Kopf und versuchte ein strenges Gesicht, ehe er seine Pflicht tat und die Hand nach dem Christkind ausstreckte.

„Du darfst sie ruhig noch einmal anfassen“, sagte das Mädchen. „Es ist die süßeste Puppe der Welt.“

Und wie der kleine Engel den kühlen, glatten Kopf mit den starren Glasaugen berührte, erkannte er es plötzlich auch: Sein Christkind war wirklich eine Puppe.

Der kleine Engel wandte sich ein wenig beschämt ab und raffte Gabriels Mantel enger um sich. Gerade wollte er sich leise davonstehlen, da entdeckte er einen dikken schwarzen Fleck auf dem Mantelstoff.

Vor Schreck blieb der kleine Erzengel stocksteif stehen. Oje, oje! dachte er. Wie soll ich damit nur dem strengen Erzengel vor die Augen kommen?

Wie er noch so ratlos an sich hinunterblickte, bemerkte er einen golden glänzenden Papierstern zu seinen Füßen, den der Wind von irgendwoher abgerissen hatte. Und sofort hatte der kleine Engel eine Idee. Nadel und Faden trug er ja immer in seinem Gürteltäschchen bei sich, geschickte Finger hatte er auch. Jetzt brauchte er nur noch ein wenig Geduld, und schon leuchtete der Goldstern prächtig auf Gabriels Mantel.

„Hübsch!“ lobte das Mädchen, das gespannt zugeschaut hatte. „Viel hübscher als vorher.“

Da lachte der kleine Engel vergnügt und winkte dem Mädchen so lange vom

Himmel herunter zu, bis es aus seinen Augen verschwunden war. Der Weg zum Himmelstor war weit. Der kleine Engel hätte den Rückweg nie ohne den Mantel Gabriels geschafft. So aber hielt er einfach die Zipfel zu einem Segel in den Wind und ließ sich treiben.

Der Erzengel Gabriel bemerkte den kleinen Sternenputzer schon von weitem. „Reichlich spät!" brummte er und verzichtete ausnahmsweise auf das Klopfzeichen an seinem Tor.

„Verzeihung", sagte der kleine Engel und legte den Mantel so über Gabriels Arm, daß dieser den Goldstern sofort sehen mußte.

„Ich konnte nicht eher."

Der Erzengel besah sich das glänzende Stückchen Papier skeptisch von allen Seiten.

„Ein Geschenk?" fragte er.

Der kleine Engel nickte erst und schüttelte dann doch mit dem Kopf. „Er ist ein bißchen, ein bißchen schmutzig darunter", flüsterte er. „Ein winziges bißchen, verstehst du."

Der Erzengel unterdrückte ein Schmunzeln. „Wenigstens weißt du dir zu helfen", meinte er und legte die Hand über den Stern auf der Brust. „Flinkfinger wie dich braucht der Weihnachtsmann in der Himmelswerkstatt. Gleich morgen früh um acht bist du dort – und pünktlich!"

„Juchhu!" jauchzte der kleine Engel und sprang davon, daß sein Heiligenschein verrutschte.

Der Erzengel sah ihm kopfschüttelnd nach. „Petrus, guter Freund", seufzte er und legte dem weißhaarigen Alten, der gekommen war, das Himmelstor abzuschließen, einen Arm um die Schultern, „waren wir etwa auch mal so?"

„Schlimmer", sagte Petrus, „viel, viel schlimmer."

Und dann lachten sie, bis ihnen die Puste ausging.

Das Christkindlein bin ich genannt

Das Christkindlein bin ich genannt,
den frommen Kindern wohlbekannt,
die ihren Eltern gehorsam sein,
die früh aufstehn und beten gern,
denen will ich alles beschern.
Die aber solche Holzblöck sein,
die schlagen ihre Schwesterlein
und necken ihre Brüderlein,
steckt Ruprecht in den Sack hinein.

Volksgut

Ein Besuch beim Weihnachtsmann

Es war Heiligabend. Jonas hatte den ganzen Tag Botengänge gemacht und Post ausgetragen. Er war froh, so viel Arbeit zu haben, denn in seinem Stübchen unter dem Dach war es kalt und ungemütlich. Seine Eltern waren tot, und eine Frau hatte er nicht. Nun lag nur mehr ein letztes Päckchen in seinem Fahrradkorb. Als er es aufnahm, um die Anschrift zu lesen, fand er ein Briefchen an der Paketschnur. Darauf stand: „Dem braven Briefträger mit herzlichen Grüßen vom Weihnachtsmann."

Vor Überraschung blieb Jonas an der Ampel stehen, die eben auf Grün umgesprungen war. Erst ein Hupkonzert hinter ihm schreckte ihn auf.

An einem anderen Tag hätte Jonas sich wohl eine Portion Pommes geleistet oder eine Tüte heiße Maroni bei seinem Freund Daniel Sabati aus Bella Italia. Diesmal aber radelte er, ohne anzuhalten, nach Hause; so neugierig war er.

Er konnte es kaum erwarten, das Päckchen zu öffnen. Doch als er Papier und Deckel abgerissen hatte, fand er nur eine winzige Schachtel mit einer Bohne darin. Jonas hielt die Bohne ans Ohr. Sie gab keinen Ton von sich. Er schnupperte daran. Sie roch nach nichts. Sie schmeckte auch nicht, als er vorsichtig daran knabberte.

Jonas war ein gründlicher Mann, der alles, was er anfing, recht zu Ende bringen wollte. Daher nahm er ein Lexikon zur Hand. Darin fand er eine Abbildung seiner Bohne. Darunter stand: Mexikanische Zauberbohne. Gilt als starkes Schlafmittel. Leider ausgerottet.

„Nun“, sagte Jonas enttäuscht, „einem geschenkten Gaul sieht man nicht ins Maul, und vielleicht kann ich ja mal ein Schlafmittel brauchen.“ Er nahm einen Blumentopf, legte die Bohne hinein und gab ihr etwas Wasser.

Kaum war der erste Tropfen in der Erde versickert, sprang ein schönes Blatt heraus, und im Handumdrehen war daraus eine Pflanze geworden. Die war so groß, daß Jonas sich in seinem Dachstübchen wie im Urwald fühlte.

Ein wenig ratlos suchte er nach dem Lichtschalter, die Bohne hatte nämlich das Fenster zugewuchert. Als die Lampe aufleuchtete, begann die Bohne zu blühen. Riesige duftende Blüten trieb sie aus, eine prächtiger als die andere. So wunderbar rot und golden waren sie anzuschauen, daß Jonas nicht widerstehen konnte, sie anzufassen.

In diesem Augenblick legte sich eine Bohnenranke um seine Hand und zog ihn ins grüne Blätterdach hinauf.

„Hilfe!“ schrie Jonas.

Doch es war niemand da, ihn zu hören. Höher und höher entführte ihn die Ranke, bis sie plötzlich vor einem Wolkenschloß anhielt. Die grüne Klammer lokkerte sich. Jonas war frei. Neugierig trat er auf das goldene Tor zu, das über eine geschwungene Treppe zu erreichen war. Ein Klopfring hing daran. Kaum hatte Jonas ihn berührt, scholl ein Klingen an seine Ohren, und das Tor sprang auf.

Er stand inmitten einer ungeheuer großen Werkstatt. Zwerge und Zwergenfrauen, kleine Engel und allerlei Getier waren fleißig beschäftigt. Hier wurden Spielsachen von einem Arbeitstisch zum anderen gebracht. Dort saß ein Zwerg und schrieb Geschenkanhänger. Wieder andere hämmerten und sägten, leimten und drechselten. In jeder Ecke stapelten sich Geschen-

ke. Und der Postzwerg hatte nicht genug Hände, sie alle einzupacken. Von einer Balustrade herunter aber schaute der Weihnachtsmann den geschäftigen Kleinen zu. Als er Jonas erblickte, breitete er die Arme aus und zog ihn an seinen dikken weißen Bart, der die Brust bedeckte.

„Willkommen in der Weihnachtswerkstatt“, rief er. „Wir haben dich schon erwartet.“

Jonas war verwirrt. Nie hatte er geglaubt, daß es den Weihnachtsmann wirklich gibt, nicht einmal als Kind. Und nun? Der alte Weißbart schien Gedanken lesen zu können. „Ja, lieber Freund, da staunst du?“ lachte er und wies rundum. „Aber da hast du den Beweis. Und die Päckchen und Pakete, die du alle Jahre um die heilige Zeit ausgetragen hast, kamen wirklich von hier oben. Du warst uns eine große Hilfe.“

„Tatsächlich?“ murmelte Jonas und mußte immer wieder hinsehen, wie geschickt all die kleinen Hände werkelten und schafften.

„Ja“, nickte der Weihnachtsmann und legte Jonas den Arm um die Schulter. „Und darum haben wir dich heute zu uns eingeladen.“

In der Himmelswerkstatt begann es plötzlich, nach Kaffee und Schokolade zu duften. Jonas sah sich schnuppernd um, denn er trank für sein Leben gern süße Schokolade mit einem Berg frischgeschlagener Sahne darauf. Da entdeckte er eine Treppe, die er bisher noch nicht bemerkt hatte. Eine Zwergenfrau kam gerade herunter. Sie trug ein Tablett mit Kaffeekannen, das war so schwer, daß es sich bog. Eine andere brachte einen Korb ofenfrischer Marmeladekrapfen. Eine dritte hielt eine Kanne, aus der kleine Wölkchen Schokoladenduftes aufstiegen. Und an ihrem Rockzipfel hing ein Zwergenkind, das eine Schüssel köstlicher Sahne im Arm trug.

Jonas lief das Wasser im Mund zusammen.

„Es ist soweit, Freunde!“ rief der Weihnachtsmann und klatschte in die Hände. „Zu Tisch, zu Tisch!“

Das ließen sich die fleißigen Helfer nicht zweimal sagen. Mit klappernden Holzpantinen und knisternden Flügeln eilten sie zum Tannenbaum, wo zu beiden Seiten die lange Tafel gedeckt war.

Jonas und der Weihnachtsmann nahmen nebeneinander an der Stirnseite Platz. Nun begann ein Schlürfen und Schmausen, ein Lachen und Schwatzen, daß Jonas fröhlich wurde wie nie zuvor. „Ein Hoch auf den Weihnachtsmann!“ rief er und stimmte das einzige Weihnachtslied an, das er kannte. Als das Lied verklungen war, schaute der Weihnachtsmann Jonas freundlich an. „Nun sollst du aber endlich auch dein Weihnachtsgeschenk bekommen.“

„Ich?“ staunte Jonas, der seit dem Tod seiner Eltern nichts mehr geschenkt bekommen hatte.

„Es ist etwas bestellt worden für dich“, lächelte der Weihnachtsmann.

„Aber von wem?“ rief Jonas erstaunt. „Ich habe keinen, der mich liebt.“

„Du hast die Kinder“, sagte der Weihnachtsmann. „Und alle die anderen, die sich freuen, weil du ihnen ein Päckchen bringst und immer ein paar freundliche Worte dazu."

„Das mach' ich doch gern. Das ist doch schön", sagte Jonas verlegen.

Bei seinem letzten Wort fühlte Jonas, wie jemand ihn am Hosenbein zupfte. Es war ein Hase, der zutraulich Jonas' Hand nahm. „Komm", nuschelte er, „ich soll dich zur Bescherung holen."

Jonas fühlte sein Herz laut schlagen, als er aufstand. Sicherheitshalber kniff er sich in den Arm, um zu spüren, ob er wache oder träume.

Vielleicht hatte er vor Aufregung ein wenig zu derb gekniffen. Jedenfalls schmerzte es so heftig, daß Jonas aufschrie und – die Augen öffnete. Da lag er unter der Dachschräge in seinem Bett, und alles, alles war nur ein Traum gewesen. Oder etwa nicht?

Als Jonas nämlich wenig später einen Spaziergang machen wollte, stand vor seier Tür ein funkelnagelneues weihnachtsmannrotes Motorrad, und das war genau das, was Jonas sich schon immer gewünscht hatte. Im Helm aber lag ein kleiner Zettel, darauf stand: Für Jonas mit lieben Grüßen.

Frau Mertens, die Zimmervermieterin, der Jonas im Sommer oft bei der Gartenarbeit half, lächelte, als er bei ihr läutete und fragte, ob sie wisse, wer denn das Motorrad gebracht habe. „Na", sagte sie, „der Weihnachtsmann. Wer wohl sonst?" Und dann machte sie mit ihm eine Probefahrt.

Stille Nacht

Stille Nacht, heilige Nacht!
Alles schläft, einsam wacht
nur das traute hochheilige Paar.
Holder Knabe im lockigen Haar,
schlaf in himmlischer Ruh‘,
schlaf in himmlischer Ruh‘.

Stille Nacht, heilige Nacht!
Hirten erst kundgemacht;
durch der Engel Halleluja
tönt es laut von fern und nah:
Christ, der Retter, ist da,
Christ, der Retter, ist da!

Stille Nacht, heilige Nacht!
Gottes Sohn, o wie lacht
Lieb’ aus deinem göttlichen Mund,
da uns schlägt die rettende Stund,
Christ in deiner Geburt,
Christ in deiner Geburt!

Joseph Mohr

Bingo, das Äffchen

Die Spielzeugabteilung war in der Weihnachtszeit wieder einmal so reich gefüllt, daß die Regale ihre Last kaum trugen.

„Wenn du doch deinen dicken Bauch zur Seite nehmen wolltest!“ pustete Bingo, der kleine Plüschaffe, zum wohl tausendsten Mal an diesem Tag und stemmte die Füße gegen eine rotweiße Blechtrommel. „Wie soll ich denn jemals verkauft werden, wenn mich niemand sieht?“

„Deshalb macht sie sich ja so dick“, nuschelte ein Bagger von nebenan und zeigte der Trommel wütend seine Greifklauen. „Diese Sonderangebote sind doch immer die miesesten Streithammel.“

„He, he!“ rührten die Trommelstäbe drohend, so daß es sich anhörte, als rausche Regen auf ein Blätterdach. „Du lächerlicher Firlefanz, du Popanz, du Hanswurst, du . . .“

„Ruhe!“ rief eine knallrote Trillerpfeife dazwischen und rollte das „R“ so dramatisch wie ein Schauspieler auf der Bühne.

„Misch dich nicht ein, du!“ bullerte die Trommel. „Oder hat dich etwa einer gefragt?“ Dabei schaute sie die arme Trillerpfeife mit wütend zitternden Goldquasten über den Augen an und spannte ihr Trommelfell aus Wachspapier, bis es knackte.

„Trrr, Trrr“, schnarrte die Pfeife. „Ich mische mich ein, weil das mein Geschäft ist. Ich bin nämlich eine Schiedsrichtertrillerpfeife oder eine Schutzmanntrillerpfeife. Ich bitte mir mehr Respekt aus, jawohl. Respekt!“

Bingo und der Bagger duckten sich gleich sehr respektvoll und lugten nur so von unten über ihre Augenbrauen hervor. Die Trommel aber verfärbte sich zuerst, dann stemmte sie ihre Trommelstöcke in die Seiten und begann so laut zu dröhnen, daß ihre blanken Spiralfedern rings um den Bauch absprangen. Das brachte sie natürlich aus dem Gleichgewicht, und schon kullerte sie aus dem Regal auf den Boden, wohin sie es freilich nicht weit hatte. „Kricks, kracks“, machte es, als ihr Deckel in die eine, ihr Boden in die andere Richtung davonsauste, der dicke Bauch aber genau unter die Füße eines Jungen rollte, der soeben vorbeirennen wollte.

„Oh!“ rief dieser und schüttelte seinen Fuß, an dem der Trommelbauch wie eine Manschette klemmte. Gleich kam ein Verkäufer angerannt.

„Solche Bengels wie dich haben wir hier alle Tage“, sagte er und packte ihn am Kragen. „Die fingern an allem rum, und wenn dabei was kaputtgeht, wollen sie's nicht gewesen sein.“

„Aber ich war's nicht“, rief der Junge. „Ehrlich!“

„Erzähl das lieber dem Chef“, meinte der Verkäufer ungerührt.

„Uih!“ stöhnte Bingo, als die beiden verschwunden waren. „Wie gut, daß wir die dicke Trommel los sind.“

„An den Jungen denkst du wohl gar

nicht?“ ratterte der Bagger vorwurfsvoll, der sich die ganze Zeit vorgestellt hatte, wie schön es wäre, mit dem Jungen im Sand zu spielen.

„Der Verkäufer hat gefoult. Die rote Karte für ihn!“ schrillte die Trillerpfeife, die gerne mit dem Jungen beim Fußball gewesen wäre, und tanzte an ihrem langen Schnürsenkel.

„Aber was sollen wir denn bloß machen?“ fragte Bingo beschämt. „Spielsachen dürfen doch nie mit Erwachsenen reden, das ist oberstes Puppengesetz.“

Plötzlich räusperte sich jemand über ihnen, so daß alle erschrocken zusammenzuckten. „Hier ist der Monitor an der Dekke“, sagte eine Stimme. „Bitte melden!“

Bingo, als der Gelenkigste, reckte mutig den Kopf über den Regalrand. „Hallo!“ sagte er und klapperte vornehm mit den Augenlidern. „Stehe zu Diensten.“

„Ich bin für Gerechtigkeit!“ schnarrte der Fernsehbildschirm an der Decke und richtete sein Kameraauge auf Bingos Regal, so daß Bingo und seine Freunde über die Mattscheibe huschten.

„Hilfe!“ kreischte das Äffchen. „Er will mich verzaubern. Er hat meinen Geist gefressen.“ Denn auch in einem Stoffaffen ist noch ein bißchen Afrika und ein bißchen Erinnerung an Urwaldgeister.

„Sei nicht albern!“ rollte die Trillerpfeife. „Er filmt, was er sieht. Das tut nicht weh, dabei passiert einem nichts.“

Ängstlich rutschte Bingo ins Blickfeld des Monitors zurück.

„Na, endlich!“ knisterte die Stimme von oben. „Ich könnte dem Jungen vielleicht helfen. Auf meinem Film ist alles aufgezeichnet. Man müßte es dem Kaufhauschef nur mitteilen; er vergißt mich nämlich oft.“

„Das ist die Idee!“ schnatterte Bingo und fing so wild zu springen an, daß selbst der Monitor sein Auge abwandte.

„Und wie, denkst du, sollten wir dem Chef etwas sagen?“ fragte der Bagger.

Da war freilich guter Rat teuer. „Vielleicht müßte der Monitor herunterfallen“, schlug Bingo vor.

„Zu gefährlich“, gab der Monitor zurück.

„Oder kaputtgehen?“ rief der Bagger.

„Oder sich auswechseln lassen“, ergänzte die Trillerpfeife.

Immer lehnte der Monitor ab. „Am besten, ihr macht alle einen Riesenkrawall, den ich dann filme“, riet der Monitor schließlich. „Wenn der Verkäufer dann wiederkommt, werden wir ja sehen, was passiert.“

„Okay“, nickte Bingo. „Wir versuchen es.“

Die Trillerpfeife pfiff: „Auf die Plätze, fertig, los!“

Da schlug der Bagger scheppernd seine Greifklauen zusammen, die restlichen Sonderangebotstrommeln wirbelten Sturm, die Puppen schrien: „Mama, Mama“, ein Elefant trompetete, und Bingo schüttelte aus Leibeskräften am Regal, daß alle Puppenküchentöpfe klirrten und von ganz oben die Päckchen für den Puppenkaufladen herunterpurzelten.

„Was, zum Kuckuck, ist denn hier schon wieder los?“ schrie der Verkäufer, der immer noch den kleinen Jungen am Kragen hatte, und kam vom Fahrstuhl herüber, mit dem er zur Direktorenetage hatte fahren wollen.

„Das waren wohl deine Freunde, was?" rief er und schüttelte den Jungen durch. „Aber wartet nur, diesmal kriegen wir euch. Wozu haben wir schließlich die teuren Monitore anbringen lassen!"

Mißtrauisch sah er den Jungen an, der den Kopf schüttelte und auf Bingo schaute. Der blinzelte ihm nämlich schon eine ganze Weile verschwörerisch zu und zeigte stolz mit dem Daumen auf seine Brust. „Das waren doch die da", sagte der Junge schließlich und deutete auf die Spielsachen, die in ihrem Regal plötzlich die unschuldigsten Mienen machten.

Der Verkäufer aber sah den Jungen an und war sprachlos über so viel Frechheit.

Als der Direktor sich den Monitorfilm angeschaut hatte, musterte er seinen Verkäufer ungnädig über den Brillenrand. „Schließlich weiß doch jedes Kind, daß richtige Spielsachen immer ein bißchen lebendig sein müssen und daß auch mal was kaputtgeht, ohne daß ein Kind etwas dafürkann. Wieso wissen Sie das nicht?" fragte er dann.

„Aber, Herr Direktor", stotterte der Verkäufer. „Diesen Monitoren ist nicht zu trauen. Der ganze Film ist unscharf. Sie glauben doch nicht etwa, was dieser Junge Ihnen erzählt? Puppen, die reden. Da muß ich ja lachen. Zuviel Phantasie ist das."

Doch das Lachen blieb ihm in der Kehle stecken, als der Direktor ihn ansah. „Morgen lassen Sie sich in eine andere Abteilung versetzen", sagte er. „Leute ohne Phantasie kann ich in der Spielzeugabteilung meines Hauses nicht brauchen."

„Komm, mein Junge", schmunzelte der Direktor zuletzt und ging mit dem Jungen an der Hand zum Fahrstuhl. „Jetzt wollen wir deine kleinen Freunde abholen. Unter eurem Tannenbaum haben sie doch bestimmt noch Platz."

Auf dem Weihnachtsmarkt

Weihnacht ist das schönste Fest,
das sich für mich denken läßt.
Im Advent fängt es schon an
mit dem Markt beim Weihnachtsmann.
Zelt an Zelt und Stand an Stand
lockt mit zauberbuntem Tand,
und die Menschen im Gedränge
lachen fröhlich, trotz der Enge.
Lichterketten gelb und rot,
Marzipan und Magenbrot,
Glühwein, Waffeln, Zimtgeruch, –
Tannenreisig, noch und noch,
und vom Kirchturm tönt es sacht:
O du stille Heilige Nacht.
Omi zückt ihr Portemonnaie.
Da ich auf Zehenspitzen steh',
seh' ich, was sie kaufen will,
und verhalt' mich mäuschenstill.
„Eine Tüte Lutschbonbons",
sagt sie, „und zwei Gasballons.
Aber bitte von den großen",
denn ich hab' sie angestoßen.
Dann spendiert sie eine Wurst,
vier Glas Brause gegen Durst,
und zuletzt fahre ich schnell
fünf-, sechsmal im Karussell.
Eine Tour im Riesenrad
durch den Himmel unsrer Stadt
zeigt mir für Minuten an,
wie der gute Weihnachtsmann
unser Land von oben sieht,
wenn das Achtgespann der Schimmel
seinen Schlitten mit Gebimmel
über Sternenstraßen zieht.

Opa hat uns nicht vergessen.
Lange stand er wohl indessen
nach vier Karten für uns an
bei der Weihnachtsbimmelbahn,
führt mich noch ins Hippodrom
zu Black Jack, dem Zauberclown,
mit dem Pinguin im Frack.
Nachher reit' ich huckepack
auf dem Opa bis nach Haus
und schlaf' mich bis morgen aus.
Morgen nämlich wird es schön,
weil wir wieder markten gehn,
denn wer das Gefühl nicht kennt,
der hat Weihnachten verpennt.

Weihnachtsland und Weihnachtsinsel

Als Vasco da Gama im Jahre 1498 den Seeweg nach Indien suchte, um den Handelsschiffen einen reichen Gewürzhandel zu sichern, entdeckte er genau am Weihnachtsabend die Küste Afrikas. Er nannte das Land nach dem Tag der Entdeckung „Weihnachtsland". Heute kennen wir es als den Staat Natal.

Im Jahre 1777 entdeckte der berühmte Kapitän James Cook am 24. Dezember eine der größten und herrlichsten Koralleninseln der Südsee. Er taufte sie zur Erinnerung an diesen Tag „Weihnachtsinsel". Und so heißt sie auch heute noch. Sogar einen „Weihnachtsberg" gibt es. Er erhebt sich mit knapp 1900 Metern Höhe an der Küste des Viktorialandes und wurde am Weihnachtstag 1902 von einem berühmten Kapitän namens Scott entdeckt und vermessen.

Wie das Weihnachtsfest entstand

In den frühen Jahren des Christentums feierte die junge Christengemeinde den Tag der Taufe ihres Heilands, den 6. Januar, als heiligsten Tag im Jahr. Bei vielen Menschen war der alte heidnische Glaube aber noch lebendig geblieben. Am 25. Dezember spürten die, die Jesu Wort über Land trugen, es besonders. Das war der Tag, an dem die Ägypter, Syrer, Griechen, Römer und Perser die Geburt ihres Licht- und Sonnengottes geehrt hatten. Überall fanden an diesem Tag heimliche Opferfeiern statt, denn die Menschen konnten ihre Erinnerungen nicht so rasch abschütteln, selbst wenn sie jetzt dem christlichen Glauben angehörten.

Der Geburtstag Jesu Christi war niemandem genau bekannt. Aber man wußte, daß der Heiland selbst sich als „Licht der Welt" bezeichnet hatte. Warum also sollte man seinen Geburtstag nicht am Tag des Lichts, dem 25. Dezember, feiern und das alte Heidenfest zu einem Christenfest erheben?

So kam es, daß man ab dem 4. Jahrhundert nach Christi Geburt die geweihte Nacht am 25. Dezember zu feiern begann und mitten in die schwerste, dunkelste Zeit des Jahres das strahlende Fest des Neubeginns und der Liebe kam.

Ein wenig Aberglauben blieb dennoch darin enthalten. Bis heute gibt es Menschen, die glauben, daß sich den Augen der Frommen in der Heiligen Nacht eine andere Welt erschließt. Eine Welt, in der die Berge ihre Edelsteinpracht öffnen, aus Seen längst versunkene Kirchglocken tönen und die Mauern vergangener Städte und Burgen heraufschimmern. Wer ohne Sünde sei, der könne – so sagt man – sogar die Sprache der Tiere verstehen und arme Seelen aus dem Fegfeuer retten.

Ein Kind ist uns geboren

Ein Kind ist uns geboren,
das Gott und Mensch zugleich.
Eröffnet Herz und Ohren,
ihr Christen, freuet euch!

In Bethlehem im Stalle
kehrt unser Heiland ein:
Er kommt zum Trost für alle,
geliebet will er sein.

Die Hirten hören singen
die frohe Engelschar.
Gekrönte Häupter bringen
Gold, Weihrauch, Myrrhen dar.

Erfüll mit deinen Gnaden,
Herr Jesu, dieses Haus!
Tod, Krankheit, Seelenschaden,
Brand, Unglück treib hinaus!

Sie legen Herz und Krone
zu Jesu Füßen hin:
Sie sehn in Davids Sohne
Gott selbst und preisen ihn.

Laß hier den Frieden grünen,
verbanne Zank und Streit,
daß wir dir fröhlich dienen
jetzt und in Ewigkeit!

Volksgut

Abends

Abends, wenn ich schlafen geh',
vierzehn Englein bei mir stehn.
Zwei zu meiner Rechten,
zwei zu meiner Linken,
zwei zu meinen Häupten,
zwei zu meinen Füßen,
zwei, die mich decken,
zwei, die mich wecken,
zwei, die mich weisen
in das himmlische Paradeischen.

Volksgut

Der Weihnachtskarpfen

Jobst und Ulla sahen sich verstohlen lächelnd an. „Ob sie wohl auch schon vom Fest träumt?" wisperte Ulla und nickte zu Mutter hin, die leise mit dem Schaukelstuhl wippte. Deren Handarbeit lag still im Schoß, und jedesmal, wenn der Stuhl vorschwang, huschte das Licht der Adventskerzen golden über ihr Gesicht.

„Dieses Jahr möchte ich es am Heiligen Abend einmal wieder genauso haben wie als Kind", sagte sie plötzlich aufatmend.

Vater blickte von seinem Buch hoch. „Und wie soll das sein, mein Schatz?" fragte er.

„Ich meine, wir sollten uns Geschichten erzählen, die Kinder sollten den Baum schmücken, und am Abend möchte ich einen gebackenen Karpfen essen."

„Karpfen?" wiederholte Vater ungläubig. „Fisch willst du essen?"

„Hm, ja!" lachte Mutter. „So war es bei uns immer. Du glaubst nicht, wie lecker ein Karpfen mit Butter und Zitrone ist."

„Muß das sein?" stöhnte Vater. „Du weißt doch ganz genau, daß ich keinen Fisch mag."

„Einmal kannst du ihn schon essen; mir zuliebe", schmeichelte Mutter. „Auf dem Markt gibt es jetzt immer welche."

„Und wer soll ihn nachher schlachten?" fragte Jobst neugierig.

„Er natürlich", antwortete Mutter. Ihre braunen Augen strahlten Vater an.

„Mein Gott!" sagte der nur, aber als er ihren Blick sah, wehrte er sich nicht.

Am anderen Morgen gingen alle zum Markt. Karpfen gab es wirklich genug.

Mutter wählte mit Bedacht. „Den nehmen wir“, sagte sie endlich und zeigte auf ein riesiges Tier.

„Der macht ja ein ganzes Rudel Wölfe satt!“ rief Vater entsetzt.

Ringsum grinsten Leute, ein Mädchen kicherte. Mutter drehte sich nur kurz um. „Sagtest du etwas, Liebling?“ fragte sie. Vater schüttelte stumm den Kopf.

So wurde der Karpfen in eine mitgebrachte Plastikwanne gesetzt. Jobst und Ulla trugen ihn zwischen sich nach Hause.

„Er sieht traurig aus. Findest du nicht?“ meinte Ulla.

Jobst nickte. „Was glaubst du, wie du aussehen würdest, wenn dich einer gefangen hätte.“

Der Karpfen rührte sich nicht. Vereinzelt stiegen Luftblasen auf, wenn er seine Lippen öffnete und schloß, und manchmal ruckten seine vorgewölbten Augen wie Glaskugeln hin und her.

„Mama“, sagte Ulla leise, „wollen wir den Fisch wirklich essen?“

Mutter blieb stehen. „Wir haben dafür bezahlt“, antwortete sie verweisend. „Wenn er erst einmal lecker zubereitet ist, wollt ihr alle zusammen garantiert nie wieder Gänsebraten haben.“ Vater und die Kinder warfen einander einen ungläubigen Blick zu, aber Mutter lachte schon wieder.

Zu Hause setzte sich jeder zu seiner Weihnachtsbastelei, um die letzten Handgriffe daran zu tun. Der Karpfen schwamm träge in der Badewanne.

„Er hat Angst vor uns“, sagte Jobst zu Ulla. „Wenn ich den Finger ins Wasser stecke, haut er sofort ab.“

„Ich wollte, wir hätten ihn nie gekauft“, seufzte das Mädchen. „Wie unglücklich er aussieht! Ich könnte ihn nie umbringen. Und wenn er auf dem Tisch steht, esse ich keinen Bissen davon.“

Jobst zuckte ratlos mit den Schultern.

Auch Vater musterte den grauen Fisch immer wieder und führte morgens beim Waschen lange traurige Gespräche mit ihm. Mutter wurde darüber immer mißlauniger. „Bei uns gab es nie so einen Aufstand wegen der Schlachterei“, schimpfte sie. „Mein Vater hat so etwas ohne ein Wimpernzucken erledigt.“

Am Nachmittag des Heiligen Abends saß Vater unruhig im Wohnzimmer und wartete jede Sekunde darauf, daß er den Karpfen schlachten sollte.

Plötzlich ging die Tür auf. Mutter stand blaß auf der Schwelle. In ihrer Hand hing ihr größtes Küchenmesser. „Ich wollte es selbst in die Hand nehmen“, sagte sie tonlos. „Ich dachte, es wäre ganz einfach. Aber er sieht mich so trostlos an. Ich kann es nicht tun.“

Ehe Vater reagieren konnte, sprang Ulla aus dem Flur auf Mutter zu und fiel ihr um den Hals. „Gott sei Dank!“ rief sie. „Jetzt lassen wir ihn frei, ja?“

Alle, auch Mutter, nickten erleichtert.

Als der Karpfen mit einem Plumpsen im städtischen Ententeich verschwunden war, nahm Vater Mutter in den Arm und sagte: „Du, ich hab's genau gehört. Das Plumpsen eben hieß: Fröhliche Weihnachten.“

Als ich bei meinen Schafen wacht'

Als ich bei meinen Schafen wacht',
ein Engel mir die Botschaft bracht'.
Des bin ich froh, froh, froh!
Benedicamus Domino.

Er sprach: „Der Heiland Jesu Christ
zu Bethlehem geboren ist!"
Des bin ich froh . . .

„Das Kindlein liegt in einem Stall
und will die Welt erlösen all."
Des bin ich froh . . .

Als ich zum Stalle trat hinein,
in Windeln lag das Kindelein.
Des bin ich froh . . .

Das Kind zu mir die Äuglein wandt',
mein Herz gab ich in seine Hand.
Des bin ich froh . . .

nach Friedrich von Spee

Worüber das Christkind lächeln mußte

Als Josef mit Maria von Nazareth her unterwegs war, um in Bethlehem anzugeben, daß er von David abstamme – was die Obrigkeit so gut wie unsereins hätte wissen können, weil es ja längst geschrieben stand –, um jene Zeit also kam der Engel Gabriel heimlich noch einmal vom Himmel herab, um im Stalle nach dem Rechten zu sehen. Es war ja sogar für einen Erzengel in seiner Erleuchtung schwer zu begreifen, warum es nun der allererbärmlichste Stall sein mußte, in dem der Herr zur Welt kommen sollte, und seine Wiege nichts weiter als eine Futterkrippe. Aber Gabriel wollte wenigstens noch den Winden gebieten, daß sie nicht gar so grob durch die Ritzen pfiffen, und die Wolken am Himmel sollten nicht gleich wieder in Rührung zerfließen und das Kind mit ihren Tränen überschütten, und was das Licht in der Laterne betraf, so mußte man ihm noch einmal einschärfen, nur bescheiden zu leuchten und nicht etwa zu blenden und zu glänzen wie der Weihnachtsstern.

Der Erzengel stöberte auch alles kleine Getier aus dem Stall, die Ameisen und Spinnen und die Mäuse, es war nicht auszudenken, was geschehen konnte, wenn sich die Mutter Maria vielleicht vorzeitig über eine Maus entsetzte! Nur Esel und Ochs durften bleiben, der Esel, weil man ihn später ohnehin für die Flucht nach Ägypten zur Hand haben mußte, und der Ochs, weil er so riesengroß und so faul war, daß ihn alle Heerscharen des Himmels nicht hätten von der Stelle bringen können.

Zuletzt verteilte Gabriel noch eine Schar Engelchen im Stall herum auf den Dachsparren, es waren solche von der kleinen Art, die fast nur aus Kopf und Flügeln bestehen. Sie sollten ja auch bloß still sitzen und achthaben und sogleich Bescheid geben, wenn dem Kinde in seiner nackten Armut etwas Böses drohte. Noch ein Blick in die Runde, dann hob der Mächtige seine Schwingen und rauschte davon.

Gut so. Aber nicht ganz gut, denn es saß noch ein Floh auf dem Boden der Krippe in der Streu und schlief. Dieses winzige Scheusal war dem Engel Gabriel entgangen, versteht sich, wann hatte auch ein Erzengel je mit Flöhen zu tun!

Als nun das Wunder geschehen war, und das Kind lag leibhaftig auf dem Stroh, so voller Liebreiz und so rührend arm, da hielten es die Engel unterm Dach nicht mehr aus vor Entzücken, sie umschwirrten die Krippe wie ein Flug Tauben. Etliche fächelten dem Knaben balsamische Düfte zu, und die anderen zupften und zogen das Stroh zurecht, damit ihn ja kein Hälmchen drücken oder zwicken möchte. Bei diesem Geraschel erwachte aber der Floh in der Streu. Es wurde ihm gleich himmelangst, weil er dachte, es sei jemand hinter ihm her, wie gewöhnlich. Er fuhr in der Krippe herum und versuchte alle seine Künste, und schließlich, in der äußersten Not, schlüpfte er dem göttlichen Kinde ins Ohr.

„Vergib mir!" flüsterte der atemlose Floh, „aber ich kann nicht anders, sie bringen mich um, wenn sie mich erwischen. Ich verschwinde gleich wieder, göttliche Gnaden, laß mich nur sehen, wie!" Er äugte also umher und hatte auch gleich seinen Plan. „Höre zu", sagte er, „wenn ich alle Kraft zusammennehme und wenn du stillhältst, dann könnte ich vielleicht die Glatze des heiligen Josef erreichen, und von dort weg kriege ich das Fensterkreuz und die Tür . . ."

„Spring nur!" sagte das Jesuskind unhörbar, „ich halte still!" Und da sprang der Floh. Aber es ließ sich nicht vermeiden, daß er das Kind ein wenig kitzelte, als er sich zurechtrückte und die Beine unter den Bauch zog.

In diesem Augenblick rüttelte die Mutter Gottes ihren Gemahl aus dem Schlaf.

„Ach, sieh doch!" sagte Maria selig, „es lächelt schon!"

Heinrich Waggerl

Du König des Himmels

Du König des Himmels,
du Freud aller Welt;
wie ist deine Wiege
so ärmlich bestellt;
da liegst du im Stalle
bei Esel und Rind
in elender Krippe,
du göttliches Kind!

Wir beten, Christkindlein,
frommgläubig dich an,
o laß deinen Segen
uns gnädig empfahn!
Du bist ja der Heiland,
barmherziger Gott,
du Retter vom Fluche
aus Sünde und Tod.

Die Gaben der Armut
nimm gnädiglich heut
und einzig die Herzen,
dir ewig geweiht.
Und riefst du uns heute
zur Krippe dahier,
so nimm uns auch einstens
in n'Himmel zu dir.

Volksgut

Alle Jahre wieder kommt das Christuskind

Alle Jahre wieder
kommt das Christuskind,
auf die Erde nieder,
wo wir Menschen sind.

Kehrt mit seinem Segen
ein in jedes Haus,
geht auf allen Wegen
mit uns ein und aus.

Ist auch mir zur Seite
still und unerkannt,
daß es treu mich leite
an der lieben Hand.

Wilhelm Hey

Zaubernacht

In Großmutters Schrank stand eine kleine Schäferin aus Porzellan. Sie trug ein Schäfchen auf ihren Armen. Beide hatten sich sehr lieb. Das Schäfchen schaute die Schäferin zutraulich an, und sie hatte ihm ein rotes Schleifenband um den Hals geschlungen.

Immer wenn wir bei Großmutter zu Besuch waren, stand ich vor ihrem Schrank, sah die Schäferin an und fragte mich, was für eine sonderbare Zeit das gewesen sein mußte, als Schäferinnen mit gepuderten Locken und Reifröcken Schafe hüteten, die Schleifen um den Hals trugen.

Großmutter schüttelte nur den Kopf über mich. „Warte", sagte sie und lachte ein wenig. „Warte, bis die Zaubernächte kommen. Vielleicht erzählt sie es dir dann."

„Zaubernächte?" wunderte ich mich. „Was ist das denn?"

„Unsinn ist das!" brummte Vater und drohte der Großmutter mit dem Finger. „Setz dem Kind keine Flausen in den Kopf."

Da lächelte meine Großmutter nur ein wenig mehr und schwieg. Ich aber fand die kleine Schäferin aus Porzellan noch aufregender als zuvor.

Als ich aus dem Zimmer lief, kam es mir vor, als blinzelte sie mir mit einem Auge zu. Schnell sah ich sie genauer an, aber da blinzelte sie nicht mehr, und ich dachte, ich spinne. Die Zeit bis Weihnachten kam mir in diesem Jahr besonders lang vor. Immer wieder stand ich vor dem Kalender und zählte die Nächte, die ich noch schlafen mußte.

In der letzten vor Heiligabend schien der Vollmond. Das blasse Licht brach durch Großmutters Seidenvorhänge und störte mich beim Einschlafen. Unruhig drehte ich mich von einer Seite auf die andere, zählte bis tausend, atmete ganz langsam ein und aus und schlief doch nicht ein. Die Lichtbahn drang immer heller durch die Vorhänge und schien sogar durch meine geschlossenen Lider.

Plötzlich hörte ich ganz deutlich ein leises Lachen. Ich spitzte die Ohren. Da hörte ich es tuscheln, kichern und abermals tuscheln. Blitzschnell schlug ich die Augen auf. Da stand doch meine kleine Schäferin mitten im Mondlicht auf Großmutters Tisch, hatte ihr Schäfchen im Arm und sagte gerade zu einem eleganten jungen Herrn neben sich. „Endlich, mein lieber Louis! Endlich ist sie erwacht! Ich dachte schon, Sie hätten die Kunst inzwischen verlernt, jemanden mit einem Bündel Mondstrahlen wach zu kitzeln." Dabei lächelte sie mit ihrem rot bemalten Mund und streichelte ihr Schaf.

„Aber, meine Teuerste", rief der hübsche junge Mann. „Ich bin zwar fast zweihundert Jahre alt, aber mit Verlaub zu sagen, man merkt es mir noch kaum an, nicht wahr?"

Die Schäferin lachte leise. „Hauptsache", sagte sie, „sie ist erwacht. Alles andere ist unwichtig."

Der junge Mann verbeugte sich tief und kratzte dabei mit dem einen Fuß hinter sich wie Großmutters Katze. Das sah lustig aus. Ich hielt mir meine Zudecke vor den Mund. Manchmal bin ich unheimlich giggelig, so richtig blöd. Aber ich kann nichts machen.

Der junge Mann sah mich auch gleich an. So mit einer Augenbraue oben und den Mund gespitzt. Er sagte aber nichts, sondern schaute weiter auf die braune Standuhr bei Großmutters Ohrensessel in der Blumennische. „Cathérine", sagte er dann und strich die Seidenspitzen auf seinem Hemd glatt, „wir müssen uns beeilen, wenn wir noch rechzeitig zum Sommersonnenwendball des Königs kommen wollen."

Die Schäferin hielt erschrocken eine Hand an den Mund. „Tatsächlich", rief sie, „es ist spät. Aber ich will dieses Kind mitnehmen. Die Bewunderung der Kleinen nach so vielen Jahren des Vergessenseins und des Staubs hat mir geschmeichelt und mich glücklich gemacht. Und heute ist Sommersonnenwende. Nur heute kann sie mit. Stecken Sie ihr einen Mondstrahl ins Haar, lieber Freund, daß sie uns begleiten kann." Seufzend hob der junge Mann die Hand. Mit behutsamen Fingern langte er sich einen Mondstrahl herunter und hauchte ihn an. Sofort verwandelte sich der Strahl in eine zierliche silberne Haarnadel mit einer Mondsichel am einen Ende. Und wie von selbst steckte sie sich in meine Zottelmähne. Da stand ich auf einmal neben meiner Schäferin und ihrem Louis auf Großmutters Tisch. Ich war ebenso winzig wie die beiden, und was das tollste war, ich hatte ein

Kleid an, aber was für eins! Ich stand und schaute an mir herunter und betastete mich; und wenn ich mich nicht im Scheibenglas des Schrankes gesehen hätte, hätte ich nicht geglaubt, daß ich es war. Überall Bänder und Spitzen und ein paar Röcke übereinander. Absatzschuhe aus Silberleder und ein Handtäschchen aus bestickter Seide. Und erst die Frisur! Spaghetti-Haare, hatte ich die mal? Jetzt waren sie in Lockenwolken hochgesteckt, weiß gepudert, und vorn an der Schläfe steckte der Mondstrahl. Ich drehte mich vor den Schrankscheiben und konnt's nicht fassen. Nur mit einem Ohr bekam ich mit, wie die Schäferin ihr Schaf in Großmutters Blumenfenster setzte und es streichelte, bis es zu bähen aufhörte.

„Kommen Sie, liebste Cathérine", sagte der junge Mann zu ihr. „Es wird allerhöchste Zeit."

Er faßte sie galant um die Hüften, hob sie in eine plötzlich bereitstehende Kutsche und setzte sich neben sie. Cathérine hatte Mühe, mich hineinzuzerren. Aber schon ließ der Kutscher, in dem ich Großmutters alten Nußknacker erkannte, die Peitsche knallen und die Pferde laufen. Die Kutsche war gelb und schwarz, mit roten Samtsitzen und Troddeln an den

Scheibengardinen. Jede Wette, daß es die Reisekutsche aus dem Ölbild über dem Sofa war! Ich hatte bloß keine Zeit, hinter mich an die Wand zu schauen. Und außerdem flüsterte Cathérine bedauernd auf mich ein, daß ich auf dem Ball nur ja nicht so tolpatschig sein dürfte wie sonst, nicht so laut reden solle und mich vor allem auf keinen Fall auf dem Kopf kratzen dürfe, weil sonst nämlich ein großes Unglück geschehen würde. Und ihr Louis schaute mich dabei die ganze Zeit so an, daß ich genau merken mußte, wieviel lieber er mit seiner Schäferin allein gewesen wäre statt mit mir zusammen.

Als die Kutsche langsamer fuhr, konnte ich mir nicht verkneifen, Cathérine zu fragen, woher ihr Louis denn so plötzlich gekommen sei.

„Ach, mein Kleines", sagte sie und führte ihr Taschentuch an die Augen, obwohl sie gar nicht weinen mußte. „Er liegt sonst in einer Schachtel, in der letzten Schublade desselben Schrankes, in dem auch ich mein Dasein friste. Ihm ist das Unglück widerfahren, zu stürzen und sich das linke Bein zu brechen. Zwar hat Madame Großmutter es wieder angeklebt, aber sie findet ihn nicht mehr schön genug und hat ihn lieber in die Lade getan."

„Ich werde sie bitten, ihn wieder herrichten zu lassen", rief ich eifrig. „Sie tut's ganz bestimmt."

„Zu gütig, Demoiselle Denise", sagte Louis – Denise, das war ich – und küßte mir die Hand. „Seit dem Unfall hinke ich. Das ist bitter genug. Aber das Liegen in Seidenpapier hat auch schon mein Gewand beschädigt, so daß ich bei Hofe langsam als der arme Heinrich angesehen werde. Ein Jammer und äußerst blamabel!"

„Vielleicht kann man Sie restaurieren lassen", sagte ich. „Ich leere mein Sparschwein aus, und zehn Mark habe ich noch von Onkel Jupp zu kriegen, weil ich beim Erdbeerenpflücken geholfen habe – es reicht bestimmt."

Louis schaute so dankbar, daß ich richtig verlegen wurde. Aber da hielt Gott sei Dank die Kutsche an, und wir kamen auf andere Gedanken.

Ein Diener in einer Uniform voller Goldschnüre und Knöpfe riß den Schlag auf und schnarrte: „Treten Sie ein, meine Damen, mein Herr!" Er hatte nämlich einen ganz ungeheuren schwarzen Schnurrbart, der es ihm schwermachte, die Lippen zum Deutlichsprechen zu öffnen. Louis stieg zuerst aus. Seine Jacke und Hose aus altrosa Seide waren tatsächlich auf dem Rücken schon etwas abgenutzt, und er hinkte deutlich. Aber dafür waren seine Strümpfe so peinlich weiß, die Spangenschuhe so schwarz und blank, daß man das Abgeschabte ganz übersehen mußte. Cathérine stützte sich leicht auf seinen Arm, hob mit zwei Fingern ihren Rock an, daß die Falten knisterten, und war wie eine Feder aus der Kutsche gehüpft. Ich aber trat mir schon gleich auf die vielen Unterröcke. Man hörte es laut reißen. Cathérine bekam vor Scham hochrote Wangen. Und ich erst! Aber da wisperte sie schon: „Kommen Sie, liebes Kind. Wir werden den Saum anstecken. Es hat nichts zu bedeuten. Kopf hoch! Lassen Sie sich nichts anmerken!“

Der Diener grinste mich so frech an, daß ich am liebsten unter meiner warmen Zudecke gelegen hätte. Er hatte alles gehört. Immer muß mir so was passieren, immer! Am liebsten hätte ich dem Kerl die Zunge rausgestreckt. Ein Glück, daß Cathérine mich an der Hand hielt und in eine Ecke drängte, um mir den blöden Rocksaum hochzustecken.

Dann waren wir endlich im ersten Salon eines kleinen Schlößchens. Ringsum funkelten an den Wänden unzählige Spiegel, in denen sich die zuckenden Kerzenflammen begegneten. Blumensträuße standen auf goldverschnörkelten Gesimsen. Der Raum war erfüllt von einer betäubenden Mischung aus ihrem Duft und den Parfums der Gäste. Mir wurde ganz schwindlig davon. Davon und auch vom Stimmengewirr um mich herum und vom Anblick der vielen schwatzenden, lachenden, tanzenden Leute.

Wo war denn bloß ein Sofa? Ich war auf einmal so müde. Wenn ich doch nur einen Augenblick lang irgendwo hätte sitzen oder liegen können! Ich drehte mich nach links und nach rechts. Fremde Leute rempelten mich an. Meine Schäferin und ihr Louis waren irgendwo. Ich bekam Küsse und Kosenamen. Einer wollte mit mir tanzen, und einer sagte, ich sei allerliebst und wie ich denn heiße. Mir dröhnten die Ohren, alles schwamm vor meinen Augen, und schon fuhr ich mir mit beiden Händen ins Haar. An den Mondpfeil kam ich eigentlich gar nicht dran, höchstens ein winziwunzigkleines bißchen. Trotzdem hat's auf einmal furchtbar geklirrt. Ich hab' dann ganz langsam rumgeschaut. Ich versteh's ja selber nicht, aber da saß ich vor Großmutters Schrank auf dem Boden, und vor mir lag die Schäferin mit ihrem Louis in Scherben. Die Schranktüren standen weit offen. Mein Mondpfeil war weg, mein tolles Kleid auch, und die Kutsche war im Ölbild wie immer. Sogar der Nußknacker stand auf dem Kaminbord. Gerade so, als wäre gar nichts gewesen.

In dem Moment trat Großmutter herein. „Was hast du denn da angestellt?“ rief sie und eilte auf mich zu. „Die schöne Schäferin und der kleine Hofkavalier! Ach, Kind!“

Ich stand auf und fing zu weinen an.

„Der Mond, Großmutter“, wollte ich eben zu erzählen anfangen, als mir plötzlich einfiel, was passiert war. Genau, nur so konnte es gewesen sein. Wieso war ich nicht früher darauf gekommen?

„Was war mit dem Mond?“ fragte Großmutter und klaubte die Scherben in Louis' Schachtel.

„Der Mond“, sagte ich, und das erklärte alles, „der Mond macht Zaubernächte.“

So feiert man anderswo

England

König Artus, so erzählt die Sage, war der mächtigste und berühmteste König Englands.

Jedes Jahr zur Weihnachtszeit versammelte er die edelsten Ritter des Reiches um seine Tafel und ließ ein Festmahl auftragen. Spielleute und Akrobaten wurden an den Königshof gerufen, Schauspieler und Dichter einbestellt. Ein festliches Schmausen begann, dessen Pausen mit den Vorträgen der geladenen Künstler gefüllt wurden.

Bis heute wird das englische Weihnachtsfest in ganz ähnlicher Weise gefeiert. Räume und Tische werden mit Misteln, Stechpalmen, Lorbeer und bunten Papiergirlanden geputzt. Höhepunkt des Festes ist ein möglichst reichhaltiges Menü, das sich über Stunden hinziehen kann. Anschließend wird getanzt, Kinder und Jugendliche erscheinen dazu maskiert. Sie toben ausgelassen herum und machen tüchtig Krach mit kleinen Feuerwerkskörpern.

Auf Geschenke müssen englische Kinder jedoch ziemlich lange warten. Am Heiligabend, kurz vor dem Schlafengehen, hängen sie ihre Strümpfe vor dem Kamin auf. Das können eigene sein, aufregender aber ist es, extragroße zu strikken oder zu häkeln, in die möglichst viele Gaben hineingesteckt werden können. Natürlich müssen auch die Jungen ihre Strümpfe selbst anfertigen! Denn in Strümpfe, die Mutter oder Großmutter oder vielleicht die große Schwester gestrickt hat, steckt der Weihnachtsmann nur eine Rute.

Wenn alles schläft, steigt „Santa Claus", wie der englische Weihnachtsmann heißt, durch den Schornstein ins Haus und füllt die Strümpfe der Kinder mit seinen Geschenken. Manchmal paßt nicht alles hinein, das legt er auch wohl darunter.

Schlimm trifft es alle kleinen Vorwitznasen, die nachts durchs Schlüsselloch oder durch Türritzen blinzeln, was Santa Claus mitgebracht hat. Kaum haben sie nämlich einen Blick auf die Herrlichkeiten erhascht, fangen die Augen heftig zu tränen an.

Wenn das Kind die Lider wieder aufschlagen kann, sind alle Geschenke verschwunden; mitsamt dem schönen Strumpf, der dann zum nächsten Fest neu gestrickt werden muß.

Frankreich

Bei unseren nächsten Nachbarn über den Rhein hinweg geht es Weihnachten ausgelassen und laut zu. Man könnte meinen, es sei Fasching oder Silvester, so laut knallen die Feuerwerkskörper und schallt lustige Musik in den Nachthimmel.

Einen Tannenbaum hat nicht jede französische Familie. Nur im Elsaß, wo man sie einst „erfunden" hat, werden Weihnachtsbäume so selbstverständlich herausgeputzt wie hierzulande. Im übrigen Frankreich wird die Wohnung festlichgrün mit Mistelzweigen geschmückt.

Eine Ecke der Wohnstube ist der Weihnachtskrippe vorbehalten, die fast immer von Kindern aufgebaut wird. Kleine Tonfiguren, die es auf jedem französischen Weihnachtsmarkt zu kaufen gibt, stellen Maria und Josef mit dem Christkind dar. Dazu gibt es eine große Zahl von Frauen und Männern in den unterschiedlichsten Trachten des Landes. Wer möchte, kann so das ganze Volk um die Krippe versammeln.

Wer einen offenen Kamin besitzt, beschafft sich einen mächtigen Klotz aus Kirschholz, den „bûche de noël", der mit Wein besprenkelt und langsam im Laufe der Festlichkeit verbrannt wird. Das Feuer muß von selbst verglühen, damit das

Christkind, falls es zur Schlafenszeit das Haus besuchen möchte, nicht frieren muß.

Die Mitternachtsmesse ist der Höhepunkt des Heiligen Abends. Die ganze Familie nimmt daran teil, und kein Kind ist zu klein, mitgenommen zu werden. Während das Haus verlassen liegt, stattet der Weihnachtsmann seinen Besuch ab. „Père Noël“ oder „Père Challende“, wie er in Frankreich heißt, sucht das Wohnzimmer mit der schönen Krippe. Dort oder vor dem Kamin haben die Kinder ihre frisch geputzten Schuhe aufgereiht. In jedes Paar schiebt Père Noël seine Geschenke. Und wenn er ein Paar doppelt vorfindet, läßt er sich den kleinen Streich gern gefallen.

Amerika

Da die Vereinigten Staaten von Menschen aus aller Welt besiedelt wurden, haben sich dort die unterschiedlichsten Weihnachtsbräuche miteinander vermischt. Den ganzen Dezember über gehen die Kinder singend von Haus zu Haus und lassen sich festlich bewirten oder beschenken.

Fast in jedem Haus leuchtet der mit elektrischen Kerzen geschmückte Tannenbaum. Beschenkt aber werden die Kinder wie in England oder Frankreich, indem Santa Claus ihre Schuhe und Strümpfe füllt.

In der Nacht des Heiligen Abends liegen die Kinder lauschend wach. Wer die Glocken des Rentierschlittens hört, in dem Santa Claus vor dem Haus vorfährt, darf im Traum eine Rundfahrt über den Sternenhimmel machen und bekommt ein echtes Engelshaar zur Erinnerung dazu.

Italien

Im 12. Jahrhundert wurde in Italien ein Kind namens Johannes geboren. Der Name gefiel dem heranwachsenden jungen Mann nicht besonders, denn er liebte alles Prunkvolle und ein Leben als Ritter am Königshof. So nannte er sich künftig Francesco. Erst eine schwere Krankheit schaffte es, ihn zum tiefen Nachdenken zu bringen. Da bereute er sein oberflächliches Leben und beschloß, ein armer Einsiedler zu werden. Liebevoll nahm er sich aller Lebewesen an und behandelte auch die Tiere wie Brüder und Schwestern.

Auf einer Pilgerreise in Jerusalem besuchte er den Stall, in dem Jesus geboren wurde. Dieses Erlebnis beeindruckte ihn so tief, daß er beschloß, den Menschen seiner Heimat auch eine solche Krippe zu zeigen.

Als er einmal wieder eine Weihnachtspredigt halten wollte, führte er seine Zuhörer in eine Höhle. Dort hatte er eine hölzerne Krippe aufgestellt, worin eine Puppe lag. Lebende Tiere standen rundum, und einige Dorfbewohner spielten die Heilige Familie vor.

Von nun an folgten andere Prediger dem Beispiel des Franz von Assisi, bis die Krippe zum Mittelpunkt des italienischen Weihnachtsfestes wurde und seither in keiner Familie fehlen darf.

Erst am Dreikönigstag gibt es für die Kinder ihre lang ersehnten Weihnachtsgeschenke, denn auch dem Jesuskind wurde ja an diesem Tag beschert. Nachts saust die gute Zauberin Befana auf ihrem Besen durch den Schornstein in die Wohnung. Braven Kindern bringt sie Geschenke mit, die unfolgsamen aber finden Kohlestückchen in ihren Schuhen.

Rußland

Einen weiten Weg hatten sie schon hinter sich, die Heiligen Drei Könige, als sie auf ihrer Reise, immer dem Stern von Bethlehem nach, an eine Haustür im alten Rußland pochten. Babuschka, ein freundliches Großmütterchen, öffnete verwundert den Riegel und sah hinaus. „Nanu“, fragte sie, „was für seltsame Wandergesellen seid ihr denn?“

Die drei Könige blickten erst einander, dann die alte Babuschka lächelnd an. „Wir suchen den Herrn der Welt“, sagten sie. „Erkennst du den Stern dort über deinem Haus? Er ist Sein Zeichen, ihm folgen wir nach.“

„Ach“, meinte die gute Babuschka, „den Herrn der Welt möchte ich auch gern besuchen. Nehmt mich doch mit, ihr Herren.“

„Gern“, sagten die drei. „Doch zuerst müssen wir ein wenig essen und schlafen.“

„So tretet ein“, bat Babuschka und deckte auf, was sie im Keller fand.

Während die Könige auf einer Strohschütte schliefen, fegte das Mütterchen das Haus, gab den Blumen Wasser und den Katzen Milch. Dann packte sie ihre Tasche für die Reise.

Gerade krähte der Hahn, als die drei Könige schon bereit zum Aufbruch waren.

„Nun komm, Babuschka“, sagten sie. „Wir müssen eilen.“

Der alten Frau aber war gerade in diesem Moment eingefallen, daß sie dem Herrn der Welt nicht einmal ein Geschenk mitzubringen hätte.

„Wartet noch!“ bat sie darum mit zittriger Stimme. „Laßt mich rasch ein Schwarzbrot backen. Trocken Brot färbt Wangen rot; und vielleicht ißt der Herr der Welt auch einmal gern etwas Gutes.“

„So lange können wir unmöglich bleiben“, sagte Caspar. Melchior und Balthasar nickten nur.

Da nahmen sie Abschied und ließen die alte Babuschka in ihrem Häuschen allein.

Ihre Traurigkeit hielt jedoch nicht lange vor. „Wenn er wirklich der Herr der Welt ist“, dachte sie still bei sich und begann, die Backzutaten abzuwiegen, „wird er wissen, daß es nichts Köstlicheres gibt als Schwarzbrot, und mich schon verstehen.“ Ihre abgearbeiteten Hände kneteten den Teig, formten ihn zu einem Laib und buken ihn auf dem heißen Stein des Kachelofens gar.

Das fertige Brot duftete weithin und war so heiß in Babuschkas Kopftuch, daß sie es kaum an vier Knotenzipfeln tragen konnte. Aber dennoch marschierte sie den drei Königen tapfer hinterdrein.

Nach langen Monaten hatte sie sich endlich bis zum Stall von Bethlehem durchgefragt. Müde, doch voller Vorfreude trat sie ein. Aber die Krippe war leer, die Heilige Familie fort, und nur der Ochse warf der alten Babuschka einen langen, freundlichen Blick zu. Da wischte sich Babuschka eine Träne aus dem Auge und legte ihr Schwarzbrot in die verlassene Krippe.

„Bist du der Herr der Welt, wirst du wohl wissen, daß ich gekommen bin“, sagte sie und versuchte, ein wenig im Stroh zu rasten.

In dieser Nacht wurde Babuschka von einer süßen Stimme geweckt. „Ich bin das Christkind“, sagte sie. „Willkommen, gute Babuschka. Gib mir deine Hand und folge mir zu meinem Vater, dem Herrn der Welt.“

Babuschka gehorchte und trat an Jesu Christi Hand mitten hinein ins Reich Gottes.

Wegen dieser alten Weihnachtslegende schenkt das Christkind den russischen Kindern bis auf den heutigen Tag ein Schwarzbrot. Es steckt in den am Kamin aufgehängten Weihnachtsstrümpfen. Andere Geschenke sind manchmal freilich auch dabei.

nach einer russischen Weihnachtslegende

Schweden

Früher war Weihnachten in Schweden über die gesamte Zeit der „Rauhnächte" verteilt. Das sind die zwölf Nächte zwischen dem 24. Dezember und dem 6. Januar. Jede Familie holte sich dann einen riesigen Holzkloben aus dem Wald und zündete ihn im offenen Kamin an. Solange er brannte, war Weihnachtszeit. Während dieser Tage mußten alle Waffen ruhen, jeder Streit vergessen sein. Überall gab es reichlich zu essen, Musik und Tanz. Der Tannenbaum mußte daher immer mitten in der Wohnstube stehen, denn um ihn herum führten alle Familienmitglieder mit ihren Freunden und Verwandten lustige Reigentänze auf. Weihnachtsgeschenke bringt in Schweden ein Ziegenbock aus Stroh, den man „Jul-Bock" nennt. Er soll an den ständigen Begleiter des Donnergottes Thor erinnern, der in den bösen zwölf Rauhnächten am wüstesten unter den Menschen hauste. Vielleicht soll der gezähmte Ziegenbock nun daran erinnern, daß Thor von Gott besiegt wurde und selbst den wilden Bock lammfromm werden ließ.

Ein besonderer Tag ist bis heute der 13. Dezember geblieben. Es ist der Namenstag der heiligen Lucia. In diesem Namen verbirgt sich das lateinische Wort für Licht: Lux. Damit wird auf eine alte Legende angespielt.

Lucia lebte zur Zeit der Christenverfolgung in Syrakus und war, gemeinsam mit ihrer Mutter, dem neuen Glauben beigetreten. Da es den Christen bei Todesstrafe verboten war, Gottesdienste abzuhalten, trafen sie sich heimlich in unterirdischen Gängen unter den Straßen Roms. Lucia aber hatte die schwierige Aufgabe übernommen, Brot und Wein zum Abendmahl in diese Katakomben zu schaffen. Eines Nachts hatte sie wieder einmal genügend Vorräte zusammen. Da niemand zu ihrer Hilfe mitkommen konnte, sie aber beide Hände zum Tragen frei haben mußte, hatte sie eine Idee. Sie flocht sich einen Haarkranz aus Lorbeer- und Stechpalmenzweigen, steckte viele Kerzen darauf und setzte den Lichterkranz auf ihren Kopf. Nun hatte sie es hell auf ihrem gefährlichen Weg, und tragen konnte sie auch.

Leider wurde sie eines Tages von einem abgewiesenen Freier an die Soldaten verraten. Man lauerte ihr auf und nahm sie gefangen. Doch auch unter der Folter verriet sie ihre Glaubensbrüder und -schwestern nicht.

Diese vergaßen Lucia nie. In Schweden blieb ihr Andenken besonders lebendig.

Am 12. Dezember, dem Vortag des Festes, backen die Kinder Lucia-Brötchen und Ingwerkekse. Am anderen Morgen verkleidet sich das älteste Mädchen im Haus mit einem weißen Gewand als heilige Lucia. Die anderen Geschwister drükken ihr einen Lichterkranz aus Tannenreisig ins Haar.

Nun darf sie den übrigen Familienmitgliedern Kaffee und Lucia-Gebäck ans Bett bringen. Dem, den sie besonders liebt, schenkt sie weiße Kekse, die sogenannten Lucia-Katzen. Wen sie weniger mag, beschert sie mit Schokoladenkeksen, die man wegen ihrer dunklen Farbe Teufels-Katzen nennt.

Nach Weihnachten

Silvester

Rund vierhundert Jahre ist es her, seit unser Kalender festgeschrieben wurde. Jeder Tag wurde dem Andenken eines frommen Menschen gewidmet. Schutzheiliger des letzten Tages im Jahr wurde ein Papst namens Silvester. Er vollbrachte zahlreiche Wunder, so daß man ihn als einen Heiligen ansah. Seine wichtigste Leistung aber war, den römischen Kaiser Konstantin zum Christentum zu bekehren, denn dieser befahl allen seinen Untertanen, ebenfalls Christen zu werden. Trotz dieser Verdienste des heiligen Silvester, haben unsere Silvesterbräuche nichts mit dem frommen Mann zu tun. Sie stammen vielmehr aus der Zeit des Heidenglaubens.

Damals teilte man die Tage zwischen dem 21. Dezember und dem 6. Januar in zwölf „Rauhnächte“ ein. Kalt, böse und unheimlich fand man es in diesen langen finsteren Winternächten. Und die Angst der Menschen malte sich Hexen, Dämonen und Teufelsfratzen aus, die überall darauf zu lauern schienen, ihr Unwesen zu treiben und Unglück über brave Leute zu bringen.

Nur den einen Rat wußten die Menschen sich: In diesen Nächten so viel Lärm zu veranstalten und Feuerbrände zu legen, daß selbst der böseste Geist Angst davor bekäme und fliehen müßte. Die Nacht des Jahreswechsels aber war in der Phantasie der Menschen die schlimmste Zeit. Sie glaubten fest daran, das Unglück vom neuen Jahr fernhalten zu können, wenn es gelänge, die zu vertreiben, die es mit sich brachten. Also veranstaltete jedermann besonders in der Silvesternacht einen wahren Höllenlärm.

Der harmloseste Krach war noch das Läuten der Kirchenglocken, das oft bis weit nach Mitternacht anhielt.

Am beliebtesten aber waren Böllerschüsse und weithin leuchtende Feuer, um die wild verkleidete Leute mit rußgeschwärzten Gesichtern sprangen, brüllten und aus Flinten oder sogar riesigen Kofferschlüsseln schossen.

Knallfrösche, Raketen, Feuerräder und Sternwerfer lösten im Lauf der Zeit das Scharfschießen ab. Vor allem das prächtige Feuerwerk der Italiener und Franzosen fand viele begeisterte Anhänger.

Heute dient der Krach der Silvesternacht nur noch zur Unterhaltung und Freude. An böse Geister denkt wohl niemand mehr dabei.

Silvesterzauber

Alles, was man sich nicht erklären konnte, hielt man damals für Zauberei oder das Werk böser Götter und Geister. Das Christentum war schwach und jung. Rettung aus allerhöchster Not suchten die Menschen darum noch nicht bei Jesus Christus, sondern bei Hexen und Zauberern. Man glaubte, sie könnten den Willen der Götter und Geister erkennen und auch verändern.

Diese Geschichte erzählt von Hille, der Hexe.

„Herr!" Hadurs bucklige Gestalt schien noch krummer zu werden, als er seine überlangen Arme vor der Brust verschränkte und näher trat. „Hille, die Zauberin, sagt, daß Witte, ihr Rabe, dreimal gekrächzt hat letzte Nacht, als der Kater am Feuer seinen Schwanz verbrannte. Das Zeichen, sagt sie, ist da."

Eduard blickte stumm ins Leere. Es schien, als habe er nichts gehört. Der Wind pfiff durch die Ritzen der Holzläden vor den offenen Fensterscharten. Schneestaub wirbelte herein. Manchmal schlug der Wind den Rauch in den Kamin zurück, dann regnete es Asche und Funken ins Zimmer.

Hadur wartete. Kein Zucken entging ihm in Eduards Gesicht.

„So wollen wir uns rüsten, das neue Jahr zu grüßen", sagte Eduard endlich. Sein Blick brannte in Hadurs listige Augen.

Der Bucklige nickte zufrieden. „Du

wirst sehen, Herr, die Lehren der Alten sind nicht Schall und Rauch.

Wotans Heer zieht seit Tagen am Himmel. Es stampft wie Donner über den Wolken, und das Wiehern der Rosse bricht den Himmel auf. Wen wundert's, wenn dein Sohn sterben will?“

„Schweig!“ brauste Eduard auf. „Ruf mir das Unglück nicht ins Haus. Der Knabe muß gesunden. Und sollte ich alle bösen Geister in dieser einen Nacht auf meine Seele ziehen.“

Der Hund spürte den Zorn seines Herrn und fletschte drohend die Zähne gegen den Buckligen.

„Ruhig!“ sagte Eduard und legte die Hand auf den Kopf des Tieres. „Geh, Hadur, ehe sie dich frißt mitsamt deiner Hexe!“

„Schlecht möchte es ihr bekommen“, erwiderte Hadur.

Als der Gnom hinaushinkte, stützte Eduard den Kopf schwer in die Hand. Er dachte an Alberich, seinen Sohn, der nicht leben und nicht sterben konnte. An das Kind dachte er, das tot geboren wurde im letzten Sommer, und an die Hungersnot, die wieder vor der Tür stand, denn die Vorratskammern waren leer nach der schlechten Ernte. Und er dachte an diesen Gott, von dem der Mann in der Kirche sprach.

So saß er noch, als der Abend hereinbrach und Irmengard, seine Frau, mit müden Schritten zu ihm trat.

„Wo warst du?“ fragte er rauh.

Ihr Mantelpelz war kalt und feucht, es glitzerte auf der Biberkappe, die ihre schweren goldenen Flechten umschloß. „In der Kirche“, sagte sie. „Ich habe gebetet.“

„Gebetet!“ grollte Eduard und packte grob ihren Arm. „Dein Knierutschen und Sprüchesagen ist nichts. Wann begreifst du das?“

„Du tust mir weh!“ sagte sie nur.

Er wußte, daß sie weniger den gequetschten Arm meinte als vielmehr das Herz. Er ließ unvermittelt ihren Arm los, daß sie taumelte. „Geh zu Alberich“, sagte er. „Er hat geweint nach dir. Und du bist in der Kirche.“ An der Tür zum Schlafzimmer des Kindes hielt seine Stimme sie nochmals zurück. „Hör, Irmengard“, sagte er. „Wir sind in der zwölften Zeit des Jahres. Hilles Rabe hat die Jahreswende angezeigt. Dreimal hat er das Zeichen gegeben. In der dritten Nacht von heute ist die Zeit gekommen.“

„Du verscherzt deine ewige Seligkeit!“ schrie die Frau auf. „Kehre dich ab von den heidnischen Bräuchen der Väter. Sie haben es nicht besser gewußt, aber du weißt. Laß ab davon, Eduard. Ich bitte dich!“

„Nie und nimmermehr!“ schwur Eduard düster. „Schwer haben die Götter sich an mir gerächt für den Bau der Kirche, die ich deinem Gott erbauen ließ. Dein Gott ist nicht stark genug, diesen Fluch abzuwenden.“

„Aberglaube ist's, was du sprichst!“ rief Irmengard. „Der Teufel gibt ihn dir ein.“

„Nenn es Teufel oder nenn es den bösen Geist des Vaters meiner Mutter Vater“, sagte Eduard. „Er hat sich auf Alberichs Brust gesetzt. Hille hat es gesehen, als sie die Knöchel warf. Weichen soll der Geist von Alberichs Brust. Und wenn es mein Leben kostet."

„Nur die Kirche kann den Teufel bannen", schrie Irmengard auf. „Laß den Priester kommen zu unserem Kind, damit er Gottes Macht anwende."

„Kann er das?" höhnte Eduard bitter. „Ich sehe nichts davon. Ein Jahr ist es her, seit der Bischof die Genesung Alberichs versprach, wenn ich Gott in unserem Lande eine Kirche errichten würde. Nun, die Kirche steht. Aber siehst du das Kind wieder spielen, lachen? Was war mit der Ernte des letzten Jahres? Hat da der Segen des Priesters geholfen? Hungersnot steht bevor. Das Mehl ist grau und schimmelt in den Kästen. Die meisten essen heute schon Bucheckern."

„Es steht wahrhaftig schlecht um uns", gab Irmengard zu.

„Hille wird kommen", sagte Eduard. „Sie wird den großen Zauber sprechen. Wir werden die Geister bannen. Vertraue mir nur!"

Irmengard überließ ihm widerstrebend die Hände. „Gott steh uns bei", flüsterte sie. Eduard hörte es nicht.

Niemand aber erwartete die dritte Nacht sehnlicher und zugleich furchtsamer als der Knabe Alberich auf seinem Krankenlager. Er konnte nicht aufstehen. Die abgemagerten, fieberschwachen Glieder trugen ihn nicht mehr. Doch Knut, der Freund, war stark, und sooft er sich freimachen konnte, hob er den kleinen Kranken ans Fenster.

„Ich sehe nicht viel", sagte Alberich heute, als Knut ihn hinausschauen ließ. „Nur die Wintersonne auf dem Schnee. Schatten malt sie auf den Zinnen des Wehrturms."

„Sie reiben unten schon ihre Masken mit Ruß ein und Hühnerfett", berichtete Knut. „Unsere Fackeln und Brandpfeile triefen von Pech und Talg. Die besten Bogenschützen stehen bereit für den Feuertanz. Diesmal bin ich auch dabei. Eine Fliege kann ich treffen auf zehn Meter."

„Ist Hille schon da?" fragte Alberich angstvoll.

„In der Halle", gab Knut zurück und schaute sich um, als könne ein Dritter zuhören. „Sie hat die Storchenmaske gewählt. Seit den ersten Morgenstunden wirft sie die Knöchel in die Asche."

Der Kranke verfärbte sich. „Glaubst du, sie kann mich gesund machen?"

„Die Welt ist voller Dämonen und Geister", meinte Knut. „Aber wir alle stehen dir bei. Dir und deinem Vater, unserem Herrn. Und morgen wirst du wieder reiten. Sei ohne Furcht."

Der Abend brach herein. Alberich war, prächtig gekleidet, in die Kaminstube getragen worden. Unter dem Fußende seines Bettes glühte ein Kohlebecken, und heiße, in Tücher gewickelte Steine wärmten seine Brust. Aus einer Bronzepfanne bei seinem Kopf dampften stechend riechende Schwaden, die ihm das Atmen erleichtern sollten.

Hille, die Zauberin, saß mit gekreuzten Beinen vor dem Kaminfeuer. In einer Hand hielt sie das Säckchen mit Knöchel-

chen, von denen Knut gesprochen hatte, in der anderen einen Fächer aus Storchenfedern. Niemand sprach ein Wort. Aber sie schaute Alberich unverwandt an, daß dem Kind das Herz im Halse schlug vor Angst.

Ihr Zottelhaar warf mit dem Storchenschnabel der Maske zuckende Schatten an die Wände. Geister sah Alberich darin tanzen.

Eduard und Irmengard saßen zu beiden Seiten des Bettes auf Schemeln.

Endlich regte sich die Alte vor dem Kamin. Sie schüttelte die Knöchelchen von einer Hand in die andere. Ihr trockenes Klappern auf dem Steinboden jagte eine Gänsehaut über Alberichs Rücken. Gestank von verbrannten Federn drang in seine Nase, so daß er husten mußte. Die Alte tanzte um sein Bett herum, dann stieß sie einen Schrei aus.

Auf dieses Zeichen brach draußen ein entsetzlicher Lärm los. Es hämmerte auf Töpfe und Schilde, schrillte aus Pfeifen und Sauzähnen. Schon drangen die ersten Maskenträger in die Halle ein: weiß und rot, mit langen Hauern an verzerrten Mäulern und Haarzotteln aus Katzenschwänzen. Zusammen mit Hille wirbelten sie um Alberichs Bett herum, fochten gegen unsichtbare Feinde und manchmal auch einer gegen den anderen.

Krachend schlugen die Fensterläden auf. Draußen schossen Brandpfeile gleich blitzend geschweiften Sternen in den Himmel. Schellen klirrten dazu. Fackeln wurden in wilden Spiralen geschwungen. Brausend fielen endlich auch die Glocken der Kirche mit ein.

Irmengard betete mit zitternden Lippen und umschloß mit beiden Händen die eiskalten ihres Sohnes.

Hadur rollte Bierfaß um Bierfaß in den Hof, wo in langen Reihen Bänke und Tische standen. In der Kaminhalle aber trank der Hausherr mit Hille und Irmengard vom Besten aus dem Keller. Über Alberichs Bett stießen sie die Becher zusammen.

„Er hat rote Wangen", sagte die Mutter staunend.

„Seine Augen glänzen", sagte der Vater stolz.

Ein schweres Goldstück und eine Silberkette verschwanden in Hilles Hand und den Falten ihres schäbigen Lumpengewandes.

„Hängt eine Wäscheleine vergessen im Haus", sagte sie und starrte Irmengard verschlagen an, „ist alles vergebens. An ihr zieht Unglück ins Haus. Gebt dann nicht mir die Schuld."

Hadur schlurfte ihr nach in die Dunkelheit. Am Tor gab sie ihm ein Zeichen. Da humpelte er geschwind davon.

Wenig später stand er wie aus der Finsternis gewachsen wieder vor ihr. „Erledigt?" fragte Hille.

„Erledigt!" erwiderte er.

Morgen würden sie die Wäscheleine finden, er hatte sie gut verknotet.

Hille rieb kichernd ihr Goldstück.

eine Geschichte aus der Zeit der Germanen

Das Jahr im Kreis

Der Sommer hat sich ausgelacht,
verklungen sind die Lieder.
Der Sturm, der in den Ästen kracht,
kehrt alle Jahre wieder.

Die Kinder warten auf den Schnee.
Die Autofahrer schrein: „O weh!“,
wenn die erste Flocke fällt.
Dennoch färbt sich weiß die Welt.

Schneemann neben Schneemann steht,
wenn der erste Tag vergeht,
und vom Himmel fallen sacht
neue Flocken in die Nacht.

Schlittenfahren, Schneeballschlacht,
Schanzenspringen, bis es kracht,
Schlittschuhlaufen, Gipsfußpracht;
Winterfan, wer trotzdem lacht.

Eines Abends mit Gerumpel
fallen Schneemann und sein Kumpel.
Groß ist da das Herzeleid,
denn die Erde färbt ihr Kleid.

Frühlingsgrün bezieht die Wiesen,
Blumen schon am Bachrand sprießen.
Bald singt auch der Sommer wieder
seine altvertrauten Lieder.

Singt, bis Herbst sich golden zeigt
und das Jahr sich müde neigt.
Still deckt dann zur Wintersruh
sich mit Schnee die Erde zu.

Flockenwirbel, Kinderfreud',
Autofahrers schwere Zeit.
Doch wenn erst der Tag vergeht,
Schneemann neben Schneemann steht,
und vom Himmel fallen sacht
neue Flocken in die Nacht . . .

Dreikönigstag

Epiphanias heißt der 6. Januar. Das bedeutet „Tag der Erscheinung des Menschen“. Diese Bezeichnung geht auf den Gedanken der frühen Christen zurück, der Mensch sei am sechsten Schöpfungstag von Gott erschaffen und darum natürlich am 6. des ersten Monats im Jahr auf die Welt gesetzt worden.

Um diesen Tag noch heiliger zu machen, wurden wichtige religiöse Ereignisse auf ihn vereinigt. So nimmt man an, die drei weisen Könige Caspar aus Thorsis in Europa, Melchior aus Nubien in Afrika und Balthasar aus Godolien in Asien seien am 6. Januar vor dem Christkind erschienen. Und um noch einen weiteren bedeutsamen Punkt zu haben, wurde die Taufe des erwachsenen Christus im Jordan an diesem Tag gefeiert.

Bis zur Festlegung des Neujahrstages durch Cäsar auf den 1. Januar fand der Jahreswechsel am 6. Januar statt. In Germanien, fernab von Rom, blieb dieser Zeitpunkt noch lange gültig. So erklärt es sich, daß die Dreikönigsnacht als die letzte und wichtigste der zwölf Rauhnächte gilt und für abergläubische Menschen eine echte Hexennacht ist.

Dem Teufel und allen bösen Geistern wird bis heute vor allem im süddeutschen Raum zu Leibe gerückt. Hier tritt am 6. Januar der Pfarrer seinen jährlichen Rundgang durch die Kirchengemeinde an, segnet alle Häuser und schreibt über die Eingangstüren die drei Anfangsbuchstaben der heiligen Könige mit geweihter Kreide. Die Buchstaben dürfen erst zum nächsten Weihnachtsfest abgewischt werden, wenn sie gegen böse Geister wirken sollen.

Die Heiligen Drei Könige

Die Heiligen Drei König' mit ihrigem Stern,
will ich euch besingen, ihr Frauen und Herrn.
Ihr Stern, der gab allen den Schein,
ein neues Jahr geht nun herein.

Die Heiligen Drei König' mit ihrigem Stern,
die reisten daher aus weiter Fern'.
Ihr Stern, der gab allen den Schein,
ein neues Jahr geht nun herein.

Die Heiligen Drei König' mit ihrigem Stern,
die bringen dem Kindlein ihr Opfer so gern.
Ihr Stern, der gab allen den Schein,
ein neues Jahr geht nun herein.

Die Heiligen Drei König' mit ihrigem Stern,
knien nieder und ehren das Kindlein, den Herrn.
Ihr Stern, der gab allen den Schein,
ein neues Jahr geht nun herein.

Aus Oberbayern

Die Reise unter dem Stern

Die Heiligen Drei aus dem Morgenland,
die reisten quer über die Erde,
sie stachen in See, schluckten Wüstensand,
sie ritten Kamele und Pferde.

Die Heiligen Drei aus dem Morgenland,
die frugen in Hütten und Zelten:
„Wo geht der Weg zum Heiligen Land?"
Doch Antwort erhielten sie selten.

Die Heiligen Drei aus dem Morgenland,
die wandten die Augen zum Sterne,
sie schirmten den Blick unter schützender Hand
und reisten getrost in die Ferne.

Da blieb der Stern über einem Stall stehn.
Die Weisen sahen es mit Staunen.
„Den König der Welt sollen wir darin sehn?"
vernahm einer des anderen Raunen.

Der Stern blieb tatsächlich. Sie waren am Ziel.
Die Drei setzten zögernd die Schritte.
Die Stalltür war niedrig. Sie beugten die Knie
vor dem leuchtenden Kind in der Mitte.

„Ich bringe dir Gold, weil es lauter und rein",
sprach der Erste und faltet' die Hände.
„Kind Gottes, laß mich in deinen Frieden ein,
wenn ich einst mich vom Leben wende."

Der Zweite schwenkte mit Weihrauch ein Faß,
das glänzte von edelsten Steinen,
und sagte: „Du heiliges Kind, nimm das
zur Ehre von mir und den Meinen."

Vor Ehrfurcht stockte dem Dritten das Blut.
Still bot er dem Kind seine Gabe
und stammelte: „Herr, du bist groß und gut,
beschließ mich in deiner Gnade."

Das Kind lächelt' lieblich, es lächelte sacht.
Da kam ein Engel geflogen,
der schenkte zum Zeichen der göttlichen Macht
den Weisen den Stern, dem sie nachgezogen.

Wir Heiligen Drei König'

Wir Heiligen Drei König',
wir kommen von fern,
wir suchen den Heiland,
den göttlichen Herrn.

Da stehet vor uns ein
hell leuchtender Stern,
er winkt uns gar freundlich,
wir folgen ihm gern.

Er führt uns vorüber
vorm Herodes sei'm Haus,
da schaut der falsch' König
beim Fenster heraus.

Er winkt uns so freundlich:
„O kommt doch herein,
ich will euch aufwarten
mit Kuchen und Wein."

„Wir können nicht weilen,
wir müssen gleich fort,
wir müssen uns eilen
nach Bethlehems Ort.

Es ward uns durch Gottheit
die Kunde zuteil,
daß ein Kind ist geboren,
das der Welt bringt das Heil."

Wir kommen im Stall an,
finden das Kind,
viel schöner und holder,
als Engel es sind.

Wir knien uns nieder
und beten es an,
o Herr, nimm die Gabe
aus Dankbarkeit an:

Gold, Weihrauch und Myrrhen,
das reichen wir dir,
führ du uns dann einstens
in 'n Himmel von hier!

Volksgut

Die drei Königinnen

Als die drei weisen Könige aus dem Morgenland nach Bethlehem reisen wollten, baten ihre Frauen: „Nimm mich doch mit!"

Doch die Könige schüttelten den Kopf. „Das geht nicht", sagten sie. „Frauen können nun einmal nicht, was Männer können."

Und damit brachen sie auf.

Die Königinnen saßen allein an der herrschaftlichen Tafel und hatten keine Lust zu essen. Sie hatten auch keine Lust, allein durch den königlichen Park zu spazieren oder Feste zu feiern. Sie dachten nur nach. Und eines Tages riefen sie den Haushofmeister und sprachen: „Ich will meinem König folgen und den neugeborenen Herrn des Himmels und der Erde ehren. Es ist nicht einzusehen, warum dies nur Sache der Männer sein soll, da ihn doch eine Frau geboren hat. Laß also meine Kutsche anspannen, die Koffer packen und das Kostbarste in Geschenkpapier einwickeln, das in unserer Schatzkammer ist."

Sofort ließ der Haushofmeister in Asien die weiße Kutsche mit acht Schimmeln anspannen, der in Afrika die schwarze mit acht Rappen und der in Europa die goldene mit acht Braunen.

„Es sind hoffentlich die schnellsten Pferde im Reich", sagten die Königinnen und reisten fort.

Sie waren noch nicht weit gekommen, da hatte sich das Gerücht von den großen Reichtümern in der Kutsche schon bei allen Räubern und Strauchdieben herumgesprochen.

Als die Königin von Asien durch eine Schlucht schwarzer Tannen fuhr, trat ihr plötzlich ein Räuberhauptmann mit sieben Spießgesellen in den Weg. Er stahl ihren Schmuck, spannte ihre Pferde aus und wollte die Königin zuletzt in ihrer eigenen Kutsche gefangennehmen. Schon hatte er seine schmutzige Pranke nach ihr ausgestreckt, da rief die Königin: „Rette mich, mächtiger König in Bethlehem!"

Und augenblicklich standen die acht Räuber wie Pferde im Geschirr und galoppierten schneller mit der Kutsche davon als zuvor die Schimmel.

Die Kutsche der Königin von Europa wurde an einem See überfallen, als der Kutscher die Pferde zur Tränke geführt hatte.

„Du sollst uns ein schönes Lösegeld einbringen, edle Frau!" schrie der Räuberhauptmann und griff nach dem Kästchen mit dem Geschenk für das Kind Gottes. In ihrer Angst faltete die Königin die Hände und rief: „Hilf mir, neugeborener König des Himmels!"

Sofort klebten die Hände des Räuberhauptmanns und seiner Bande unlösbar an der Kutsche fest. Die Braunen mochten traben, so schnell sie konnten, die Räuber mußten nebenherrennen und überdies noch schieben, wenn's steil wurde.

Nur die Königin aus Afrika hatte zu Hause schon so eine Ahnung gehabt, als könne ihr unterwegs unwillkommener Besuch begegnen. Darum hatte sie ihre Puderdose, die sie immer bei sich führte, mit feinstem Pfeffer gefüllt.

Als ihr in einem Hohlweg ein Strauchdieb vor die Pferde sprang und dreist den Kutschenschlag aufriß, staubte die Königin ihm eine reichliche Portion ins Gesicht. Da mußte der Räuber niesen und sich die Augen reiben. Die Kutsche der Königin aber entkam ungeschoren.

Die drei Königinnen fuhren und fuhren. Kein Radbruch, kein Unwetter hielt sie auf. Und wenn sie einmal Angst bekamen, machte der Stern des neugeborenen Königs ihnen wieder Mut. Sogar die sechzehn gefangenen Räuber bereiteten ihnen keine Schwierigkeiten mehr, sondern hatten genug zu tun, die Blasen an ihren Fersen und die Löcher in den Schuhsohlen zu zählen.

So erreichten sie endlich alle Bethlehem.

„Was sucht ihr", lachten die Leute, „einen Stall, in dem ein König geboren wurde? Gibt es hier nicht."

Traurig wollten die Königinnen weiterreisen, da lief ein Mann vorüber, der jammerte: „Wenn mir doch einer helfen wollte, mein Haus zu bauen! Ich wollte ihm dafür den Weg zum neugeborenen König zeigen."

„Einverstanden", sagte die Königin von Asien und hielt den Mann an seinem Gewand fest. „Bauleute sollst du haben."

Damit löste sie die acht Räuber aus dem Pferdegeschirr und hieß sie, sogleich mit der Arbeit zu beginnen.

In einer Woche war das Haus fertig, nur das Dach fehlte noch.

„Nun", sagte der Mann, „die halbe Antwort für die halbe Arbeit", und wollte der Königin von Asien den Weg zu den Hirten auf dem Feld zeigen.

„Halt", mischte sich rasch die Königin von Europa ein, die inzwischen auch eingetroffen war. „Ich habe noch ein paar Helfer anzubieten."

Damit löste sie die Hände der Räuber von ihrer Kutsche und befahl ihnen, sofort das Dach zu decken. Und tatsächlich, den acht Räubern gelang, was ihre Kameraden nicht geschafft hatten: Das Dach wurde fertig.

„So weit, so gut", sagte der Mann, „aber es fehlen ja noch Fenster und Türen, und ein Garten wäre auch nicht schlecht. Vorher kann ich keine Auskunft geben."

„Oho!" rief die Königin von Afrika. „Aber nicht mit mir, guter Mann!" Und dann blies sie ihm die letzte Prise Pfeffer aus ihrer Puderdose ins Gesicht. Davon mußte er so entsetzlich schnaufen und weinen, daß er sein letztes Sekündlein für gekommen hielt.

„Ich will's euch ja zeigen!" schrie er. „Aber laßt mich leben!"

Rasch, denn die Königinnen waren ihm unheimlich, stieg er über Berg und Tal voran, und die Räuber kletterten freiwillig mit. „Da ist es!" Der Mann blieb stehen und zeigte auf ein verfallenes Gemäuer, das sich in eine Felsnische duckte.

Die Räuber schüttelten die Köpfe, die Königinnen aber glaubten dem Mann sofort, denn der Stern warf einen Schein wie flüssiges Gold über die Hütte.

Ehrfürchtig öffneten die Königinnen die Tür und knieten vor dem göttlichen Kind nieder. So schmutzig und staubig waren sie von der weiten Reise, daß nicht einmal ihre Könige sie erkannten.

„Frauen vollbringen ja doch, was so mancher Mann nicht geschafft hätte“, murmelten sie untereinander und nickten den Königinnen anerkennend zu.

Das Kind in der Krippe aber lächelte, als die drei Königinnen sich herabbeugten, um seine Füße zu küssen. Und die sechzehn Räuber schworen, es habe höchst verschmitzt dabei ausgesehen.

Die Könige und ihr Stern

Ein Stern stand einst am Himmelsbogen,
hat einen goldenen Schweif gezogen,
und ein Licht erhellte die Winternacht,
als sei die Sonne zur Unzeit erwacht.

Ein schwarzer König aus Afrika
erstaunte, als er den Lichtschein sah,
und rief schnell die Klügsten aus seinem Land,
das Rätsel zu deuten, den Himmelsbrand.

Die Herren berieten tagelang,
bis einer die richtige Antwort fand.
Da traten sie stolz vor den Königsthron
und sprachen von Gottvaters
Menschensohn.

Der schwarze König aus Mohrenland
nahm das Kostbarste an sich, das er fand.
Er wollte den Herrn der Welt begrüßen
und niederknien zu des Kindes Füßen.

In Asien lebte zur gleichen Zeit
ein alter König, der war sehr gescheit.
Mit dem Fernrohr sah er das Wunder an,
das sich am nächtlichen Himmel getan.

„Man sattle mein Pferd, rufe die Leute,
denn nach Judäa reit' ich noch heute",
rief er und nahm aus dem Schatz die
Krone als Zeichen dem göttlichen Sohne.

Auch in Europa sah ein König den Glanz
am Himmel von des Goldsternes Schwanz
und rüstete sich auf seine Weise
für eine sehr gefährliche Reise.

So streben die drei aus aller Welt
nach Bethlehem, wo im dürren Feld
ein Stall erbaut war für Esel und Rind,
und fanden darin das heilige Kind.

Sie beugten die Häupter, beugten die Knie,
anbeteten Jesum und zweifelten nie,
daß Gottes Sohn ihnen in Stroh und Heu
zur Rettung der Liebe erschienen sei.

Sternsinger

sind bereits seit Mitte des 16. Jahrhunderts eine feste Einrichtung des Dreikönigstages.

Die Geschichte der Heiligen Drei Könige, die mit reichen Geschenken beladen einem leuchtenden Stern durch die ganze Welt folgten, um den König der Welt zu ehren, begeisterte die Menschen so sehr, daß sie diese immer wieder erfahren und spielerisch nacherleben wollten.

Zur Erinnerung an den Stern von Bethlehem führten die ersten Sternsinger eine Nachbildung aus Gold- und Silberpapier an einem langen Stecken mit sich. Die Könige wurden von halbwüchsigen Burschen, meist Schülern, dargestellt, die singend von Haus zu Haus zogen und dafür ein Geschenk forderten. Zum Dank für die erwiesene Freundlichkeit schrieb einer der Könige die heiligen drei Anfangsbuchstaben der Königsnamen mit Kreide über den Türsturz.

Heute stecken unter den langen „Königsgewändern" der hauptsächlich in Süddeutschland umgehenden Sternsinger meist Meßdiener, die ihre Gaben im Namen der katholischen Kirche entgegennehmen. Geld wird in einer Sammelbüchse eingenommen und später beim Pfarrer abgeliefert. Nur von den Sachspenden dürfen die Buben und Mädchen etwas für sich behalten.

Quellenverzeichnis

Rainer Maria Rilke: Advent, aus: R.M.R., Sämtliche Werke © Insel Verlag, Frankfurt am Main 1955.
Karl Heinrich Waggerl: Worüber das Christkind lächeln mußte © Otto Müller Verlag, Salzburg.
Texte, die nicht anders gekennzeichnet sind, stammen von Karin Jäckel.

Die Autorin

Schon mit 8 Jahren veröffentlichte Karin Jäckel ihre ersten Beiträge in der Zeitung. 1975 – nach der Promotion – begann sie sozialkritische Sachbücher und Kinderbücher zu schreiben. Heute lebt die Autorin, die 1948 in Rerik geboren wurde, mit ihrem Mann und ihren drei Söhnen im Schwarzwald.

Die Illustratorin

Marion Krätschmer wurde am 10. September 1953 in Bottrop geboren. Die gelernte Physiklaborantin zog 1975 nach München, besuchte dort von 1981 bis 1983 die Kunstschule Hans Seeger und setzte ihre Ausbildung dann an der Akademie für das Grafische Gewerbe fort. Nach dem Abschluß als Grafik-Designerin begleitete sie ihren Mann für längere Zeit nach Florida. Seit ihrer Rückkehr nach München ist Marion Krätschmer freiberuflich als Grafikerin tätig.

In gleicher Ausstattung liegen bereits vor:

Das große Leselöwen-Geschichtenbuch

Das große bunte Märchenbuch

Das große bunte Liederbuch

Das große bunte Vorlesebuch

Das große bunte Wichtelbuch

Das große Buch der Dinosaurier